JN058506

事業承継が0_{ゼロ}からわかる本

株式会社クロスリンク・アドバイザリー
代表取締役 半田 道 著

第2版

中央経済社

事業承継対策をしようと思いながら
何から始めていいのか　わからない経営者のみなさまへ

　事業承継対策の検討をしなければならないと思いつつ，先送りにしている経営者のみなさまは非常に多いと思います。

　自分が辞めることを考えたくない気持ちはみなさん同じです。

　しかし，事業承継対策の検討をすることは，**社長が「今すぐ辞める」ことの検討ではありません。**

　対策の方法検討から実行までには，相当の期間を要しますので，5年後，10年後の事業承継のために今からじっくりと準備をすることは，会社の存続，発展のために重要なことです。

　つまり，事業承継とは，**社長が引退する話ではなく，企業が後継者に引き継いだ後も，さらに発展するための事業計画の1つとお考えください。**

　私はメガバンク・米国系銀行の事業承継専門セクションや生命保険会社（メガバンクより出向）等で，多くのお客様に事業承継コンサルティングを行ってきました。

　その経験の中で，事業承継対策で大切なのは，税金や法律の難しい知識を理解して議論することではなく，**企業がさらに発展するための将来像をどのように描くのか**ということだと感じています。

　本書は，私が経営者のみなさまとお話をしてきた中で，経営者のみなさまから寄せられた実際の質問から，件数の多かったものを選んでQ&A方

式で解説したものです。

「何から始めたらいいのか？」
「どこまで検討すればいいのか？」

　これらを，専門用語をなるべく使わずにわかりやすくまとめましたので，初めて事業承継の本を読まれる方にもご理解いただける内容です。
　今後の事業承継対策の検討に，役立てて頂ければ幸いです。

株式会社クロスリンク・アドバイザリー
代表取締役　半田　道

第2版改訂にあたって

第2版では，あらたに下記項目について，解説をしています。

Q4　社長のイス（経営者としての地位）の承継
Q12～Q13　後継者候補への意思確認
Q50～Q54　納税猶予制度について
Q55～Q60　遺留分対策について

経営者向けに行われている事業承継対策提案の多くが，自社株の税務対策にフォーカスされているものが多いため，Q4で経営の承継の重要性を解説しています。

また，筆者は日頃，経営者とお話をしている中で，息子さんが後継者候補であるのに，経営者はその意思を伝えていないことが多いと感じており，Q12，Q13で，後継者として指名しないことのデメリットを解説しています。

また，初版でも納税猶予制度については解説していましたが，第2版では，大幅にページを増やし，Q50～Q54で一般措置，特例措置に分けて，詳しく解説をしています。

Q55～Q60では，遺留分対策について解説をしています。

特例措置がスタートし，納税猶予制度の適用を受ける会社は増加していますが，納税猶予制度の適用を受けても，経営者の相続の場合，遺留分侵害の状況になるケースが多いと思われます。

その点の対策も計画的に行っていただくために，あらたに解説したものです。

■本書に書いてあること

目次をご覧になる前に，本書内容のイメージ図をご覧ください。

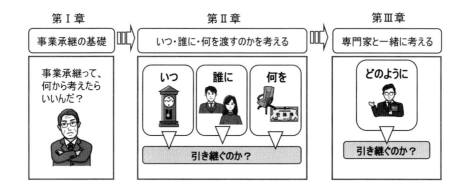

第Ⅰ章　事業承継対策の基礎

事業承継に関して，お考えを整理していただきます。

第Ⅱ章　「いつ」「誰に」「何を」渡すのかを考える

社長のイスと自社株をいつ・誰に渡すのかを決めていただくためのご説明をいたします。

第Ⅲ章　専門家と一緒に考えること

バトンタッチする具体的な方法についてわかりやすくご説明します。

【登場人物】

 社長65歳。二代目（実父が創業者）

 事業承継コンサルタント　半田

【社長の家系図】

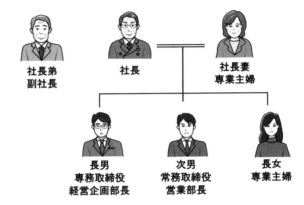

【会社内容】

・未上場の同族経営の企業

【株主構成】

・社長の親族。親族の持株会社。親族以外の役員

【事業承継の検討状況】

・事業承継対策の必要性は感じながら，まだ着手できていない。
・子供2人は入社し，役員として経験を積んでいる。正式に決定はしていないが，社長としては，次男を後継者にしようと考えている。
・自社株を渡す割合は考えていない。今のところ，子供たちに均等に自社株を渡そうと考えている。

■本書をお読みになる上での留意事項

1. 令和6年4月1日現在の法令・通達を基準としています。

2. 本文中に記載の会社や事例は，実際の企業や個人とは一切関係ありません。

   また計算例は仮定の数値を用いたものです。

3. 読者のみなさまにとってご理解しやすい表現を目指したため，あえて法令・通達等に記載されたものとは異なる表現を用いている場合があります。

4. 本書で述べている税務・法律上の取扱いについては一般的な考え方について解説したものです。個別具体的なご判断・ご対応に際しては，税理士・弁護士等の専門家にご相談ください。

目　次

第Ⅰ章 ｜ 事業承継対策の基礎

第Ⅱ章 ｜ 「いつ」「誰に」「何を」渡すのかを考える

▷「いつ」渡すのかについて考える　34

第Ⅲ章 │ 専門家と一緒に考えること ～「どのように」について考える～

●挿絵イラスト●　半田　道

第 I 章

事業承継対策の基礎

Q1　事業承継対策に早期着手する必要性

みんな，事業承継対策のことで大騒ぎしていますが，なんで自分が辞める話をそんなに早く考えなくてはいけないんでしょうか？

Answer
■事業承継対策は，バトンタッチ後も会社が存続・発展するための体制を構築することですが，そのために検討すべきことは，多岐にわたるため，計画的に準備しておかなければ，バトンタッチのタイミングに間に合いません。

■経営者は事業承継対策を自分が辞める話だと考えて敬遠しがちですが，後継者育成など長期的な対応が必要なものもあるため，**事業承継対策を事業計画の1つの要素として，早期に検討する**ことが重要です。

この間，ある銀行の担当者に「**社長はいつ頃リタイアされるんですか？**」って聞かれて，びっくりしたよ。

それは，かなり失礼な言い方ですね。

新聞を読むと事業承継セミナーの広告をよく見かけるよね。

たしかに，私は65歳だから，サラリーマンなら退職する年齢なんだろうけど，経営者の場合には，リタイアして悠悠自適な生活をするんじゃなくて，まだまだ，会社経営に力をいれるべき年齢だと思っているんだ。

それなのに銀行や証券会社の人は，事業計画の話よりも事業承継対策の話ばかりしてくるから，なんだか早く辞めろって言われて

いるようで，かえって事業承継の検討をしたくなくなるんだ。

社長は，まだまだ会社の顔ですし，日々新しいことにチャレンジされていますよね。
でも，社長が叶えたい夢や計画がなくなることはなくて，いつかはその夢を後継者にバトンタッチする日が来るのも避けられない現実です。

そうだね。残念ながらそうなるね。でもまだ自分も健康だし，やりたいことがたくさんあるから，辞めるイメージが湧かないんだよ。

お気持ちは大変よくわかります。これまで会社を発展させてこられた社長にとっては，まだまだ，後継者に任せるのではなく，ご自身で経営されることが，会社の発展にとっては一番いい方法だとお感じのことでしょう。

そうなんだ。息子たちも頑張っているけど，まだまだ経営を任せるまでには至ってないね。

そうですか。それでは，いつ，経営を任せられるようになるのでしょうか？　そして後継者を一人前にするための計画はされていますか？

うーん，それは，何もしてないね。だって，バトンタッチするのは先の話だからさ。

確かに，普通に考えたらバトンタッチするのは，今すぐの話ではないでしょう。

でも，社長がご健康なのは何歳までなのかわかりませんし，また縁起でもないことですが，事故などで突然亡くなられることもあります。

後継者は何の準備もなく，突然，社長として経営ができるのでしょうか。

もちろん，会社経営はそんなに簡単じゃないね……そうか，私が年をとってバトンタッチするだけじゃなく，確かに，私が突然死ぬことも考えて準備をしなくてはならないということだね。

はい。後継者が一人前の経営者に育っていなければ，社長の夢や計画を引き継ぐことはできません。事業承継対策の検討事項の中で，後継者を一人前に育てることが最も重要ですが，それ以外にも検討すべきことはたくさんあります。

社長は，経営において，中長期的な事業計画を立てて実行されていらっしゃいますよね。

そうだね。売上を伸ばすために，マーケットシェアを拡大するとか，将来は既存の事業が先細る可能性も考えて，新規事業の計画もしているよ。これは，リスクも判断しながら，時間をかけて準備しているんだよ。

事業承継も同じように，対策の検討には時間がかかります。そして，事業承継対策の方法が経営に影響を与えることもあります。

例えば，社長が所有されている自社株を後継者に渡す時には，税金などの多額の資金負担が発生することがあります。この時，会社がその資金を負担する場合には，会社の資金繰りに影響を与え，設備投資計画などの変更の必要性が生じることがあるでしょう。ですから，事業承継対策も社長が検討されている中長期的な事業計画の１つの要素として，計画に織り込み，早期に取り組まれることが大切です。

事業承継対策は事業計画の１つの要素か……確かに，事業承継は経営者が変わることだから，事業計画に影響が出るのは当然かもしれないね。中長期的な事業計画を実行するのは，私なのか後継者なのかによって，準備も違ってくるしね。後継者がいつまでも育たないと，私が実現したい計画を担ってくれる人がいないということだということがよくわかったよ。事業承継対策も事業計画に織り込む必要がありそうだね。

社長は事業承継対策を自分が辞める話だとお感じですが，対策の検討には時間がかかるので，今すぐに社長が辞める話ではありません。**将来，辞める話を今から時間をかけて検討する**ということです。そう考えれば，事業承継対策の検討の必要性もご理解いただけるのではないでしょうか。事業承継対策は，社長にしかできない最後の重要な仕事です。

そうだね。事業承継対策をしなくてはならないと言われると，なんとなく，自分が経営をしたいという気持ちに，水をさされた気がして，意地になってたところもあるかもしれないな。対策の検

討を始められるのは私だけだし，会社が存続・発展するための計画として事業承継対策を検討することにするよ。

> **事業承継は通常の事業計画の一部です。**
> **決して，社長が辞める話ではありません。**
> **後継者に，きちんと引き継ぐ準備が必要です。**

Q2　バトンタッチが遅れた場合の問題点

死ぬまで社長をやっていたら，どうなるのでしょうか？

Answer

■社長が経営をバトンタッチしない場合で亡くなった場合，5つの問題が考えられます。

① 社長が心に決めた後継者にバトンタッチできない

② 内紛の可能性

③ 取引先・銀行からの信用失墜

④ 相続税負担が会社の資金繰りに影響を与える

⑤ 後継者に与える過大な負担

事業承継対策は私が辞めるための計画ではなく，後継者にバトンタッチした後も会社が存続・発展するための計画だという話（Q1）はよくわかったんだけど，後継者を育てるのにも時間がかかるし，準備ができていない状態で私が突然死んだ時のことも想定しなくてはならないね。極端な話だけど，私が死ぬまで社長をやっていたらどうなるか教えてくれるかな？

準備ができていないのは，会社にとっては好ましくないですが，その状況も想定しておく必要はありますので，5つのポイントをご説明します。

まず社長が後継者と心に決めた人にバトンタッチできないことと，それによる社内の内紛の可能性があります。

例えば，社長のご長男，ご次男はすでに会社に入られていますが，

後継者を指名せずに，社長が明日亡くなったらどうなりますか？

会社は大混乱するだろうね。考えたくないけど，明日ってことも あるよね。

大混乱の中，まずご兄弟が相談してどちらが社長になるかを決め なくてはいけませんが，それは簡単ではありません。
仮に，弟さんが社長になりたいと考えていても，ご長男の顔を立 てて，社長を譲るというのが，無難な解決策でしょう。

でも，私としては，長男は誠実だけど，おとなしいから社長に向 いていないと思ってて，次男を社長にしようと考えているんだ。

なるほど。しかし，社長がお亡くなりになる前に，そのお気持ち を伝えなければ，次男が社長になるという結論には至らないで しょう。またご兄弟お二人とも社長になりたいと主張され，結論 が出ない場合，最悪のケースとしては，社内で長男派，次男派に 分かれて会社が分裂することもあります。

そうだね。決められないかもしれないし，兄弟げんかではすまな いことになるね。
じゃあ，後継者を次男と決めたら，長男・次男に伝えないといけ ないということだね。

そうです。後継者を早く決めることが事業承継のスタートです。

なるほどね。やっぱり後継者を決めるのが社長の責任だからね。

次に，**取引先・銀行からの信用失墜**の可能性があります。

社長が現役のままで，亡くなられた場合，後継者は社外の人からは認知されていませんから，それらの人から後継者として適任かどうか「品定め」をされることになります。

場合によっては，取引条件の悪化や，取引の縮小などもあるかもしれません。

なんだか，とても不安になってくるな。借入のことで銀行の支店長に会うのは，まだ私だけだしなぁ。確かに，突然息子が社長になったら，銀行も慎重になるかもしれないね。

もちろん，最悪のケースのお話ですけど，想定しておく必要はあります。

次に，社長のご親族が自社株を相続した時の**相続税の負担**が，最終的には**会社の負担になって資金繰りに影響を与える可能性**があるということです。

相続税は個人の問題だから関係ないんじゃないの？

いえ，未上場企業の事業承継は，会社と切り離しては解決できないことが多いものです。

例えば，社長が亡くなった時には，自社株に対して多額の相続税

がかかるでしょう。

社長の財産に金融資産がたくさんあれば，相続人はそれから相続税を納めることができますが，いかがでしょうか？

相続税のこと自体，考えていないけど，金融資産はあまりないから相続税には足りないかもしれないね。

なるほど。相続税の納税期限は相続発生後10か月と短期間ですので，亡くなられてから納税資金を捻出するのは大変です。
不動産を慌てて売ったら，買い叩かれるかもしれませんしね。

10か月しかないとは知らなかったな……。それでどうしたらいいの？

後継者は会社から借入をしたり，金庫株といって，相続した自社株を会社に買い取ってもらって，納税するケースがあります。
この場合，会社としては急に融資をしなければなりませんので，金額が大きい場合には会社の資金繰りに影響を与えるわけです。

なるほど，もし会社も余裕資金がなかったら借入をする必要があるしね。私が突然死んだら社内は大混乱して内紛が起きるかもしれないのに，後継者に相続税や借入のことまで考えさせるのはかわいそうだね。

さらに，社長が後継者を指名しないで亡くなった場合，突然会社を引き継ぐことになった**後継者には，大きな負担**があるというこ

とです。

社長が事業承継の準備をされなければ，後継者は何の準備もできないまま，ある日突然社長として仕事をしなければならないということになります。

社長は，今はまだ，お子さんたちに経営を任せられないと仰っていましたが，社長が突然亡くなられたら，任せられる，任せられないの問題ではなくなるということです。

確かに，そうだね。明日突然私が死んだら，経験のない息子が，突然社長になって，経営できるんだろうか？　精神的な負担は大きいだろうな。なんだか，心配になってきたよ。

はい。計画的な事業承継をしないで社長が亡くなると，会社の存続が危機に陥る可能性もあり，その時には後継者や従業員が路頭に迷うことになりかねません。

そんなことは考えたくないけど，後継者だけでなく従業員の生活のことを思うと，事業承継対策をすることの重要性がわかったよ。早速，対策の検討を始めるよ。

> 事業承継対策をしないまま，社長が突然亡くなると，様々な問題が発生します。
> 会社の発展と従業員のために計画的に事業承継を検討しましょう。

Q3　事業承継対策検討のポイント

事業承継対策とは，何をすることなのですか？

Answer

■事業承継で，次世代に渡すものは，**社長のイス**と**自社株**です。

その２つを「**いつ**」「**誰に**」「**何を**」「**どのように**」渡すのかを決めることが必要です。

① 社長のイスを引き継ぐ人と自社株を引き継ぐ人は誰か

② いつ引き継ぐのか

③ どのような方法で引き継ぐのか

 事業承継対策のセミナーに参加すると，**税金の話ばかりが多くてなんだかしっくりこないんだよね。**バトンタッチをするために必要なのは税金のことだけでは不十分だと思うんだ。何を検討したらいいのか説明してもらえるかな？

 はい。事業承継とは，文字どおり**事業を承継**することです。事業という言葉が抽象的なので，事業を渡すとは何か？　につい

て考えますと，渡すものは**社長のイス**（経営者としての地位）と，**自社株**（会社を支配する権利）です。

まず，社長のイスを誰に渡すのか？　つまり社長を誰にするかは，もう決められましたか？

長男か次男かという選択肢なんだけど，今のところは次男の方が社長向きだから次男にしようと思っているよ。

そうですか。それでは社長が持っている自社株は誰に渡すのか？渡す割合もお決めですか？

まだ決めてないけど，長男・次男・長女に均等に渡そうと思っているよ。やっぱり子供たちは平等じゃないとね。

そうですか。それから，社長はお元気なので，まだまだご活躍されると思いますが，バトンタッチされる時期についてはお考えでしょうか。

そうだね。まだまだ社長としてやりたいことがあるから，辞める時期なんか決めていないけど，周囲の社長を見た感じだと70歳から75歳くらいなのかなと思っているよ。
漠然とだけどね。

その時に自社株も全部渡されますか？

どうなんだろう？　全く考えていないからわからないけど。

わかりました。社長のイスを渡す相手や自社株を引き継ぐ相手やシェアは，だいたいイメージされていますが，渡す時期はこれからの検討事項ですね。

今のお考えでは**社長のイスを渡す相手，自社株を渡す相手が一部異なるので，そうなると渡す時期もそれぞれの人ごとに決める必要がある**ということです。

そして，それが決まったら，社長のイスと自社株をどのような方法で引き継ぐのかを考える必要があります。

そうか，後継者に全部株式を渡すんじゃないから，渡す相手ごとに渡す時期が違うかもしれないってことだね。

はい。次の表のように，「いつ」「誰に」「何を」という整理をしてください。

	いつ渡すのか	誰に渡すのか
社長のイス	75歳	次男
自社株	未定	長男　3分の1
	未定	次男　3分の1
	未定	長女　3分の1

そうだね。事業承継って社長のイスを渡す時のことだと思っていたけど，この表を見ると，自社株を渡す時期も別に考えなくてはならないということがよくわかるね。

ところで，どのような方法で引き継ぐのかって，どういうこと？

詳細は，後で説明しますが，社長のイスをどのように渡すのかについて一例をあげますと，後継者に社長のイスをバトンタッチしたと同時に社長が完全にリタイアする方法や，社長は会長や相談役になって後継者をフォローする方法という選択肢があります。

なるほど。よく親父が会長で息子が社長というケースがあるよね。取引先や銀行から見ると，安心だよね。

自社株をどのように渡すのかについて一例をあげますと，社長が後継者に自社株を渡す方法は，譲渡，贈与，相続のどれを選択するのかということや，その際の税金などの資金負担はどうするのかなどを考えなくてはなりません。
また，株価が高い場合には，株価対策を検討する場合があります。

えっ，なんだか急に難しくなってきたね。

そうですね。どのように渡すのかという方法は社長がお考えになるのではなく，税理士，弁護士，コンサルタント等の専門家に相談し，資金調達については金融機関に依頼することになります。

なるほど，それなら安心だ。

つまり「どのように」という方法論は専門家にお任せいただくとして，社長にお考えいただきたいのは，社長のイスと自社株の2

つについて「いつ」「誰に」「何を」渡すのかということです。これは，社長にしか決められないことです。

そうだね。専門家に相談する前に，じっくり考えて決めることにするよ。

> 「いつ」「誰に」「何を」渡すのかを社長が決めて「どのように」渡すのかを専門家に相談しましょう。

Q4　社長のイス（経営者としての地位）の承継

後継者に社長のイスを渡すとは，具体的に何をしたらいいのでしょうか？

Answer

■事業承継とは後継者が社長に就任することだけではなく，バトンタッチした後も後継者がスムーズに経営を行えるように，後継者を育てることが必要です。

■後継者に社長のイスを渡す時に，同時に引き継ぐものは，**経営者としての心構え**，**経営に必要な情報**と社長が**社内外から得た信用**です。

■事業承継対策は，自社株を承継する時の税務対策を優先にイメージしがちですが，後継者が一人前になって社長のイスを渡せる状況でなければ，自社株を渡すことはできません。

社長のイスを渡す時に
　　　　同時に引き継ぐもの

○経営者としての心構え
○経営に必要な情報
　・経営理念
　・会社の強みと弱み
○社内外から得た信用

社長のイス

 >>>>>

社長　　　　　　　　後継者

 事業承継というのは，社長のイスと自社株を渡すという話だったよね。自社株を渡すことは，なんとなくわかるけど，社長のイスを渡すというのは，具体的に何をすべきなのかイメージしにくいんだよ。単純に後継者が社長に就任するということだけじゃない

よね。

はい。後継者が社長の肩書をもらうことはできても，それで，すぐに会社経営をできるわけではありません。社長のイスと同時に，引き継ぐ必要があるものがあります。
まず，**経営者としての心構え**です。

何事にも心構えは大切だよね。心構えを学ぶというのは，後継者教育というようなことで，ビジネススクールとか後継者塾でやっている内容のことかな。そういうものに通わせるってこと？

そういう社外の団体で勉強するのもひとつの方法です。また，参加することで，知識だけでなく，参加者同士の人脈が生まれるという付随的なメリットもあるかもしれません。
ただ，そこで得られる知識は，一般的な内容にとどまり，後継者にとっては自分が継ぐ会社に当てはまるものばかりではないでしょう。社長は，もっと具体的に自分の会社を経営する後継者に必要なことを伝える必要があります。

確かに会社は千差万別だから，いろんな事例も役に立つこともあるけど，全てが役に立つとは限らないよね。
ウチの子供たちは一生懸命働いているし，能力は高いと思うけど，社長として会社全体を見た場合には，また景色が違うから，社長としての行動，決断力，言動，取引先や社員などの相手に対する思いやりなどいろいろ見直さなければならないことがあると感じているよ。

はい。その点は，社長が日頃，後継者をご覧になって未熟だと思われている部分を，ご指導していただくとよいでしょう。

次のポイントは，**経営に必要な情報を伝える**ということです。

つまり，社長がこれまでの経営で築いたものを，後継者に理解させるということです。

経営に必要な情報というのは具体的にはどういうことかな。

はい。まず，**経営理念**です。

貴社の経営理念は，創業者が書かれたものが，額に入れて社長室に飾ってありますよね。それは最も大切なものですが，それだけにとどまらず，社長ご自身が実際に経営されてきた中で，大切にしていることや，やってはいけないと考えていることなどを，幅広く伝えてください。

なるほど。ウチの会社の経営理念は，自社の製品を通じて人々の生活の向上に貢献するということなんだ。そういうことを教えないと，自社の儲けばかりに目が向いてしまうかもしれないね。

それから，私は，経営に直接関係しない投資はしないと決めているんだよ。バブルの頃には不動産や株式投資で失敗した会社があるから，金融機関から会社の資産運用などの提案は受けないことにしているよ。

はい。そのように社長が大切にしてきたことが，後継者に伝えていただくべき内容です。

次のポイントは，**会社の強みや弱み**についての内容ですが，好業績を維持されている原因は何か，そして，改善すべき弱点というべきものは何かを伝えるということです。

そうだね。会社の業績は良い時ばかりではなかったし，事業内容も時代の流れに合わせて変化してきているんだよ。それを踏まえて，なぜ今ウチの会社が儲かっているかとか，どこに改善すべき弱点があるのかということも教える必要があるんだね。例えば弱点を改善するということは，後継者に教えると同時に，情報を共有化して，後継者と一緒に考えてもいいよね。若い人の発想が役に立つことがあるしね。

はい。後継者は，過去の取組みを社内の資料では知ることができないことも多いので，社長が時間をかけて教える必要があります。そして，改善について後継者も交えて行うことは，後継者の経営参画意識が高まって，よろしいかと思います。

そして，最後のポイントは，後継者は社長が**社内外から得た信用，つまり従業員や取引先・金融機関からの信用を引き継ぐ必要がある**ということです。

まず，社内についてですが，社長から見れば従業員は年下の方が大半ですが，後継者から見れば年上の方が多く，経験豊富なので，後継者が周囲の信頼を得るには相当の時間と努力が必要です。

社長のご子息はすでに社内で活躍されていますので，社員からみれば，社長の息子が後継者になることは，当然のことと理解している場合が多いと思います。しかし，実際に社長になったら，どんな経営をされるのか，自分たちの待遇はどうなるのかなど，期

待と不安な気持ちで，観察されているものです。

先代の時は良かったんだけど，今は……という会社が確かにある
よね。それで，後継者が社内から信用を得るためにはどうしたら
いいのかな。

そのためには，後継者を早く経営陣に迎え入れ，現在の役員との
協力関係を築き，実績をあげさせることが重要です。
そして，時にはチャレンジさせて，失敗させることも大切です。

なるほど，成功も失敗も経験ということだね。私が口出しばかり
していると後継者は育たないね。

その通りです。経営者としては初心者の後継者は，取締役が応援
することも重要なので，応援が得られるように，経営体制も後継
者に引き継ぐことが必要です。

そうか，後継者は経験が浅いから自分の考えで突っ走ってしまう
こともあるかもしれないけど，その時に取締役は，次男にとって
教育係や「番頭さん」のような役割を果たしてくれるといいよね。

そうです。そして社外からの信用についてですが，取引先や金融
機関は後継者に経営能力があるのかどうかをシビアに判断するこ
とはご想像ができると思います。

そうだね。自分で言うのもなんだけど，会社は私の信用で取引が成り立っているところがあるね。でも信頼を得るのにはどうしたらいいのかな。

取引先や銀行には，早いうちに顔を覚えてもらって，徐々に権限を渡していく方がいいんだろうか。

そうです。なかなか社長と同じように信用されるのには時間がかかりますが，取引先や銀行との商談の席には，後継者を同席させ，徐々に後継者単独で取引を完結させるようにしていけば，次第に信用は得られてきて，バトンタッチした後に，取引先や銀行が慌てることは減るでしょう。

いままで，事業承継というのは自社株を渡す方法や税金の話ばかり説明を受けてきたけど，やはり後継者を育てることや，後継者が会社をきちんと経営できるような環境を整えることが，大切だということだね。

やるべきことがわかってきたよ。

> 後継者に社長のイスを渡す時には，同時に，経営者としての心構え，経営に必要な情報，社長が社内外から得た信用も引き継ぐ必要があります。

Q5　事業承継対策は誰の問題か

自社株の承継は親族の問題なので，会社を巻き込まずに，親族だけで解決するのが正しいんじゃないでしょうか？

Answer

■自社株は「社長個人名義の財産」ですが，次のような問題があり，会社と切り離して個人財産の相続と考えることは難しいものです。

① 自社株を相続した人が相続税を払えず，会社が納税資金を負担する可能性がある。

② 相続によって株主構成が変化すると，その内容によっては，会社の意思決定がスムーズでなくなるなど経営に影響を与える可能性がある。

　つまり，自社株の名義は個人であっても，**自社株を次世代に渡す際の会社への大きな影響を考え**，個人・会社一体で事業承継を検討する必要があります。

私名義の自社株は全部子供たちに渡す予定なので，うちの会社の事業承継って，親族の問題だと思うんだ。

親族ではない役員には，ウチの相続は関係ないし，会社に迷惑をかけたくないから，事業承継の問題は親族だけで進めようと思っているんだけど，それでいいよね。

いえ，結論だけ申し上げると，そうではありません。

まず，社長の相続人が自社株にかかる相続税を支払えず，会社が資金負担をする場合があるということです。

これはQ２でもご説明しましたが，ここでは図解でご説明します。

■親族が自社株を相続した場合の会社への影響事例

①社長の自社株を、親族が相続
②親族は、相続税を払えない
③親族は、相続税の納税資金を会社から借入
④その結果、会社の資金繰りに影響する
⑤会社は銀行借入をする可能性あり

お子様たちが自社株を相続した場合，自己資金で自社株についての相続税を払うことは難しいので，納税資金を会社から借入をするケースがあります。

そして，会社としては親族への貸付が資金繰りに影響する可能性があり，会社も自己資金で対応できない場合には，その資金を銀行から借入をする場合があります。

会社の力を借りないと，自分が持っている株式を後継者に渡すことも難しいことがあるってことだよね。

そうです。そして，もう1つの問題ですが，たしかに自社株は社長個人名義の財産ですが，会社を支配する権利があるという点で，不動産など他の財産とは性格が大きく違います。

つまり**自社株は会社を経営するための個人名義の財産**と考えるべきです。

支配する権利か，支配するって，例えば100％の自社株を所有したら自分の思いどおりの経営ができるって意味だよね。それでどんな問題になるの？

相続によって株主構成が変化すると，会社の意思決定がスムーズでなくなるなど，経営に影響を与える可能性があるんです。
例えば社長が所有されている自社株を子供たちに均等に分ける場合には，会社から見ると株主が増えます。
自社株は個人の財産であると同時に，会社を支配する権利も持っていますので，会社に意見を言う人が増えるということです。

それは，なんだか面倒な話になりそうだね。

はい。経営に関与しないお子さんが自社株を所有した場合，会社（経営陣）からすると，ご意見を伺わなければならない株主が増えるので，経営がスムーズでなくなる可能性があるということです。

なるほど。

もちろん，個人の相続の観点でお子さんたちに自社株を平等に渡すという考えは間違いではありません。
ただ，自社株を経営に関与しない子供にも渡すのであれば，その状況について一定の時期に，親族以外の役員にも理解を得た方が

ベターです。

そんな必要があるのかなぁ。

同族会社は，親族だけで株主構成を決めることは可能です。ただ，後継者は社長としての経験はないので，親族以外の役員のバックアップも必要でしょう。

ですので，親族だけで話し合った結果は会社（経営陣）と共有し，親族以外の役員にも理解を得たほうが，後継者が経営する際にプラスになります。

なるほど。自社株の承継は，必然的に会社に影響を与えるから，親族内だけの問題と切り離してはいけないんだね。

そうです。ただし，従業員全員に対して，あまり早い時期から事業承継のことをオープンにすると従業員は不安に陥ることもありますから，タイミングについては配慮が必要です。

> 自社株の承継は，個人の相続の問題だけはなく，会社への影響も考慮する必要があります。

Q6 事業承継対策と相続対策の関係

事業承継対策と相続対策は一緒に考えるものですか？

Answer

■相続対策は，次の２点を考える必要があります。

① 相続人が遺産分割でもめないか

② 相続人に相続税の納税資金があるかどうか

　一般的な会社員の相続対策であれば，単純に，この２つだけを考えればいいのですが，経営者の相続対策の場合は，事業承継対策と密接に関連しています。

　事業承継対策の方法によって，相続対策の方法を変更する必要が生じる場合もありますので，**相続対策よりも事業承継対策が優先検討事項**だといえます。

事業承継対策と相続対策は違うっていう人もいるし，なんだか似ているイメージもあるし，どういうことなの？

相続・事業承継セミナーというタイトルで，相続対策と事業承継対策を一緒に扱っているケースもあるので，わかりにくいかもしれませんね。それでは，社長の資産構成を教えていただけますか？

自社株が大半だね。不動産は自宅だけで，一般の賃貸物件は持ってないよ。そして金融資産がちょっとだけあるかな。

■経営者の財産構成例

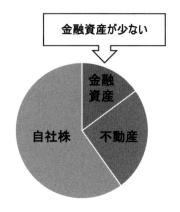

金融資産が少ない

金融
資産

自社株　不動産

多くの経営者がそのような資産構成だと思います。
ところで第1のポイントですが，社長の財産を相続人で法定相続
分どおりに分けることは可能でしょうか？

自宅は家内に渡して，会社を経営していく長男と次男には自社株
を渡すとなると，長女には，金融資産だけを渡すことになるけど，
あんまり金融資産はないし……そうだね，法定相続分どおりには
分けられないね。

そうですね。
後継者がスムーズな経営を行うためには，社長の財産のうちでは，
自社株が最も必要なものです。
そうなると，それ以外の資産を会社の経営に関与しない親族に渡
すことになるので，必然的に，**経営者の個人資産は法定相続分ど
おりに分けることは難しいもの**です。

なるほど。でも，それだと家内と長女が承継する資産が少ないけど，大丈夫かな？

 遺産分割の話がまとまらない可能性はありますね。
それから，第2のポイントですが，社長の財産の全てを相続で渡すと考えた場合，今，社長が亡くなったら相続税は払えるのでしょうか？

■事業承継対策の方法：相続で自社株を渡す場合

相続人は、社長から相続した金融資産では、相続税の納税資金が足りず、別途準備しなければならない。

社長　　　　　　　　　　子供
　　　　　　　　　　　（相続人）

 相続税がいくらかわからないけど，金融資産が少ないから大変だと思うよ。
そうか，どうやって払うか考えないといけないんだね。

 はい。このように，社長の財産を相続でお子さんたちに渡すと考えた場合には，今，お話ししたような，**相続税**の**納税資金**の準備や**遺産分割**の問題があります。

 そうだね。困った問題だよね。

それでは，ここで，事業承継対策との関連の話をします。

例えば，社長が持っている自社株や不動産を事前に会社に譲渡すれば，社長の財産のうちの金融資産が増加します。

■事業承継対策の方法：生前に自社株を譲渡する場合

社長の財産は、自社株から現金になり、納税資金が準備でき、遺産分割も容易になった

①自社株を譲渡

子供
（相続人）　　②相続　　　社長　　　①譲渡代金を支払　　会社

 なるほど。生前に自社株を譲渡すると子供たちは，自社株ではなく，現金を相続することになるから，相続税の納税をしたり，遺産を分けたりすることはやりやすくなるんだね。

 はい。つまり**事業承継の方法によっては，相続対策の問題が解決できることもある**ということです。

今，お話ししたことは，一例ですが，事業承継対策の方法によって，相続対策の方法は変わることがあるということです。

 なるほど，じゃあ，事業承継対策の方法が決まらないと相続対策の方法も決まらないということだね。

 はい。事業承継対策を考えている間は，いろいろな方法のご提案があると思いますが，事業承継対策の方法を変更すると，それに

対応する相続対策の方法も変更する必要があるかもしれないということをご理解ください。

相続対策の方法は，事業承継対策の方法に，大きな影響を受けます。
両者を同時に考えることは重要ですが，経営者の場合は，事業承継対策が優先的な検討事項です。

第 II 章

「いつ」「誰に」「何を」渡すのかを考える

▷ 「いつ」渡すのかについて考える

Q7 事業承継計画の策定

事業承継対策を具体的に検討したいので，手順を教えてください。

Answer

■事業承継対策は検討が長期間にわたるため，スケジュール表を作成し，時系列で記載すると，明確なプランが作成できます。
（巻末にある弊社作成の事業承継スケジュール表をご利用ください）

■社長のイスと自社株を，いつ・誰に・何を渡すのかということが最も重要ですが，それと付随して検討すべきことは多岐にわたります。
計画表の全ての項目を全て記入することは難しいものですが，スケジュール表を定期的に確認して，進捗状況を把握してください。

事業承継の計画を始めることにしたよ。社長のイスと自社株を，いつ・誰に・何を渡すのかを私が決める必要があるという話はわかったんだけど，なんだか全体像が見えないから，具体的に一つひとつ確認していきたいんだけど。

はい。事業承継は検討する期間が長期にわたるので，やるべきことをスケジュール表に時系列で記載してみると，全体を俯瞰してみることができます。

そうだね。時系列で考えると，いつまでにやらなきゃいけないことがわかるからいいね。

それでは，事業承継スケジュール表に基づいて，話をしていきましょう。

（本文中の表は，巻末の事業承継スケジュール表を分割したものです）

Q1で事業承継は事業計画の1つの要素であるというお話をさしあげました。ですから，今後の売上高や利益の推移や設備投資計画を記入してください。

年度	西暦		2021年	2022年	2023年	2024年	2025年
	創業年数		75年	76年	77年	78年	79年
事業計画	売上高		8,000百万円	8,100百万円	8,100百万円	8,300百万円	8,350百万円
	経常利益		780百万円	789百万円	789百万円	747百万円	750百万円
	予想される計画						
		例）設備投資○百万円		200百万円			
		例）特別損失計上○百万円				△50百万円	

そうだね。バトンタッチの時期は，会社の業績とは関係するかもしれないね。

次に，社長のイスを渡す時期についてです。社長と後継者の欄をご覧いただき，お二人のご年齢について記入してください。そうすると，社長がお元気で活躍されるのがいつ頃までなのか，そして，後継者のご年齢を比較すると，いつまでにバトンタッチした方がいいのかというイメージが湧いてくる可能性があります。

		年齢	66歳	67歳	68歳	69歳	70歳
社長		役職	社長				会長
		持株数　　A社	1,020株				408株
		持株シェア	85%				34%
		持株数　　B社	500株			0株	
		持株シェア	100%			0%	
		株式（A社）を渡す相手					次男
		株式（B社）を渡す相手				長男，次男	
		退職金支給時期					支給
後継者	次男	年齢	35歳	36歳	37歳	38歳	39歳
		役職					社長
		意思確認	確認				
		育成計画	営業部	財務部		企画部	
		持株数　　A社					612株
		B社				100株	

そうだね。自分としては80歳になるまで，社長でいるつもりはないし，逆にあまり早い時期のバトンタッチだと息子が若すぎて，社長として半人前かもしれないから，それだと世の中に認められないよね。時間軸での判断は，一つの基準になるね。

表のように，70歳で会長に就任するというように，明確に記載する方法もありますが，すぐに，決められない場合には，例えば「68歳から，70歳くらいまでにリタイアする」というように，スケジュール表にお書きいただければと思います。

また，前頁の表のように西暦の下に会社の創業（創立）年数も書いておくと，バトンタッチの時期が，創業80周年というふうに区切りが良いタイミングを選ぶこともできるかもしれません。

そして，次男が社長になった時に，自分もすぐリタイアするのか，会長として，息子を見守るのかということを記入するんだね。

はい。そして，併せて，自社株を，いつ，何株渡すのかということも記入してください。

それから，後継者の意思確認というのがあるね。これは何？

社長はご次男を後継者とお考えですが，すでにご次男にお話しされましたか？

いや，まだ決定したわけではないから，話はしていないよ。

そうですか。事前に，ご次男に後継者の意思を確認しておかないと，「長男が継ぐと思っていた」なんてことになりかねませんので，意思確認をすることもスケジュール表に記載することが必要です（**Q12**，**Q13**後継者候補への意思確認ご参照）。

なるほど。後継者を決めて計画的に育てるために，表に記入するんだね。

そうです。そして，次に，育成計画の欄ですが，すでに後継者が入社されていれば，どのセクションで修行をするか等を記載してください。

そうだね。それと後継者候補が社外にいる場合には，入社する時期も決めておかないと後継者育成ができなくなってしまいそうだね。

		年齢	36歳	37歳	38歳	39歳	40歳
長男	持株数	A社					
		B社				400株	
		年齢	33歳	34歳	35歳	36歳	37歳
長女	持株数	A社					
		B社					

次に，自社株を渡す相手と時期と方法についてです。渡す相手は，後継者候補の次男にはもちろんですが，長男，長女にも渡すのかという検討をしていただきます。

そして，渡す時期ですが，まとまった株数を渡すのは，バトンタッチの時期になると思いますが，それ以外に，毎年，贈与で渡す方法もありますので，その計画を記入していただきます。渡す方法については，専門家と相談して，お決めください（**Q41**ご参照）。

了解。長男は役員だから，自社株を渡して，長女には自社株以外を渡すとかそういうことの検討だね。

	社内体制について						
検討事項		新社長のバックアップ体制			執行役員制度		
		役員に登用する者			財務部長		
	経営上の問題点改善		不採算事業の見直し				
	株価対策方法		不動産取得				退職金支給
	株式を渡す際の資金調達						銀行借入
	株主構成の方針決定			親族からの買取			
	個人が会社に提供している資産・保証		銀行の保証解除				
	事業承継について社内での公表時期				公表		
	関係者（取引先・銀行等）への通知時期				通知		

はい。なかなかすぐには決められないと思いますが，こういう表を見ながら，決めなくてはいけないことが決まっていないことを確認することも重要です。

最後に，今までお話ししたこと以外の検討事項です。

社内体制の構築，経営上の問題点改善，株価対策の方法，株式を渡す時の資金調達，株主構成の方針決定，個人が会社に提供している資産・保証をどうするか，事業承継について社内での公表時期，関係者（取引先・銀行）時期などは，一般的に検討すべき事項ですが，会社ごとに検討課題はありますので，表に追記して進捗状況をフォローしてください。

うーん，本当にいろいろと考えることが多いんだね。

はい，そして，それらのことを決めるのは，社長の仕事です。

バトンタッチの時期は，まだ先の話ですが，事業承継のことは先送りにしがちなので，このスケジュール表を作成し，定期的なご確認をお願いします。

> 事業承継対策の検討項目は多岐にわたり，すぐには決められないものもありますが，スケジュール表を作成し，進捗状況を定期的にチェックしましょう。

Q8 事業承継のタイミング

いつ，後継者にバトンタッチすればいいのか，検討のポイントを教えてください。

Answer

■**経営者の年齢上昇に伴い，減収企業と赤字企業が増える**傾向にあり，早期のバトンタッチを検討することは有効です。

しかし，ただ早ければ良いというものではなく，後継者に経営能力が備わった時にバトンタッチすべきです。

⇨下記は重要なポイントですが，タイミングを決める最優先事項ではありません。

　・社長の年齢だけを考慮したタイミング

　・業績改善後や負債圧縮後のタイミング

◆**世の中の経営者はいつ，会社をバトンタッチしているか？**

社長のイス（経営者としての地位）を後継者に渡すタイミングは，いつがいいのかということについてご説明します。

まず，社長の平均年齢の推移データ（次頁のグラフ）をご覧ください。

これによると2018年の全国の社長の平均年齢は61.73歳で，2009年以降，最高年齢を更新しています。

なるほど。つまりバトンタッチの時期が遅れているということだよね。それにしても事業承継が進んでいないことが，一目瞭然だね。でも，これでは，いつバトンタッチしたらいいのかわからないね。

■社長の平均年齢推移

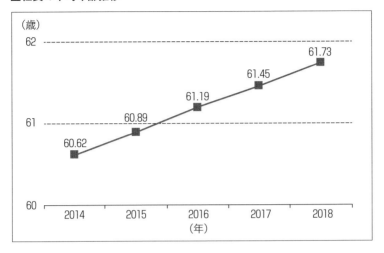

出所：東京商工リサーチwebsiteより（https://www.tsr-net.co.jp/news/analysis/
20190214_01.html）［2020年6月11日確認］

はい。それでは次のデータ（次頁の表）をご覧ください。この
データによると企業の業績と社長の年齢は一定の相関性がみられ
て，**年齢上昇に伴い，減収企業と赤字企業が増える傾向にある**と
のことです。

社長年齢と業績の関係は，70代以上は「減収」，「最新期の赤字
（当期純損失）」，「前期の赤字」，「連続赤字」が年代別でいずれも
ワーストだったことがわかります。

◆社長の年齢と業績の関係

なるほど。やっぱり歳をとると，経営判断が鈍ったりするんだろ
うか？

自分では，まだ，大丈夫だと思っているんだけどなぁ。

■社長年齢別　業績状況（2018年，社長の年齢調査）

業績	30代以下	40代	50代	60代	70代以上
増収	59.15%	54.01%	50.45%	48.15%	43.10%
減収	34.31%	39.00%	41.57%	43.24%	43.97%
売上横ばい	6.54%	6.99%	7.98%	8.61%	12.93%
増益	49.32%	48.37%	46.96%	46.15%	42.97%
減益	42.93%	43.72%	43.95%	43.95%	41.95%
利益横ばい	7.74%	7.91%	9.09%	9.90%	15.07%
黒字	80.96%	81.43%	80.59%	79.98%	77.79%
赤字	18.29%	17.83%	18.52%	18.97%	20.70%
前期黒字	80.55%	81.12%	80.75%	80.14%	77.97%
前期赤字	18.81%	18.21%	18.45%	18.90%	20.68%
連続黒字	69.31%	70.49%	70.24%	69.82%	67.67%
連続赤字	7.22%	7.33%	8.17%	8.80%	10.65%

注：▧アミの部分が一番割合が高い。
出所：東京商工リサーチwebsiteより（https://www.tsr-net.co.jp/news/analysis/20190214_01.html）
　　　［2020年6月1日確認］

もちろん，利益が減少したのは，社長の年齢だけが原因ではない
と思いますが，1つの理由ではあると思います。

これは，私見ですが，社長が年齢を重ねると，世の中のトレンド
が読めなくなり，製造業であれば，ヒット商品を生み出すことが
簡単ではなくなることや，また体調を崩されたり事業意欲が低下
する場合もあるのではないでしょうか。

そうだね。それに，業種そのものが時代と合わなくなっている
ケースもあるんだろうね。そうなると，事業承継というより，廃
業の問題なんだろうけど……。

そうすると，早ければいいというわけではないけど，バトンタッ
チの時期が遅くなると，経営にはマイナス要素があるということ

だね。やはり，準備だけは，早くしておくほうがいいね。

総合的な方針としては，早く準備したほうがよいということでいいのですが，会社ごとに状況が異なるので，じっくり考えてみる必要があります。

それでは，こういう考え方は好ましくないというものをご説明します。

◆社長の年齢だけを考慮したバトンタッチの検討

例えば，社長が会社の業績が悪化する傾向にある70歳前に引退をお考えになったとします。

しかし，後継者であるご子息がまだ入社されていないとか，入社されていても役員になっていない状況でのバトンタッチは現実的ではありません。

後継者に経験と経営能力がないのにバトンタッチしてしまうのは本末転倒ですよね。

したがって，社長の年齢はバトンタッチのタイミングを考える上で考慮すべき重要なポイントですが，それだけを優先して考えるのは正しくないといえます。

なるほど。そのとおりだね。そのほかの検討ポイントはあるかな？

◆業績改善後や負債圧縮後のバトンタッチの検討

はい。後継者には負担を掛けたくないので，業績を改善し，負債を減らしてからバトンタッチしようという経営者が見られます。お気持ちはわかりますが，業績を改善するとか負債を減らすというのは，簡単に実現できるものではありません。

たしかにね。負債の圧縮が簡単にできたら苦労はしないよね。

事業承継対策は後回しにして，負債圧縮に一生懸命取り組んだのに，その結果，負債圧縮ができず，事業承継対策もできていないということになれば，本末転倒です。

両方検討できれば理想だけどね。じゃあ，どうしたらいいのかな？

◆後継者に経営能力が備わった時のバトンタッチの検討

それは，後継者に経営能力と社内外からの信用が備わった時です。それがなければ，バトンタッチはできません。
後継者育成に何年かかるのかは，個人差があってわかりません。ですから後継者を育成してみて，なかなか能力が身につかなければバトンタッチの時期を遅らせることや，違う人を後継者として考えることも検討すべきです。

後継者に経営能力や社内外からの信用がなければバトンタッチできないというのは，言われてみれば当たり前のような気がするけ

ど，バトンタッチの時期を早くしたほうが良いという言葉に焦らされていたかもしれないね。後継者を育成してみたら育たないということもあるし，そうなったら別の候補者を検討するというのも時間がかかるね。

まずは，後継者の選定と育成に力を入れることにするよ。

なお，今までご説明したのは，社長のイス（経営者としての地位）を渡すタイミングの話です。

経営のバトンタッチの時期に自社株も渡す場合には，自社株の評価が低い方が後継者の負担は軽減されますので，付随して検討することはメリットがあります。

ただ，ご注意いただきたいのは，株価が下がったタイミングで，経営の承継をすることは本末転倒です。

これについては，次のQ9でご説明します。

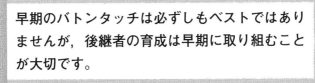

早期のバトンタッチは必ずしもベストではありませんが，後継者の育成は早期に取り組むことが大切です。

Q9 株価水準と自社株の承継時期の関係

株価が下がったので，すぐに自社株を渡しましょうと提案されているのですが，株価が下がったという理由だけで，自社株を渡していいのでしょうか？

Answer

■自社株には，財産価値の側面と会社を支配する権利の側面があり，その両方を後継者に渡しても良いタイミングでバトンタッチすべきです。

■株価が下がったタイミングで自社株を渡すことは，後継者の資金負担が軽くなるという点ではメリットがあります。

しかし，経営能力が備わっていない後継者に会社の支配権を渡すことは，経営を危うくする可能性があるので注意が必要です。

自社株の2つの側面

財産価値	・・・自社株の評価額（株価）のこと 評価額（株価）が下がった時は、自社株を受け取る後継者の資金負担は減少する
支配権	・・・株主総会の議決権のこと 自社株のシェアが一定以上であれば、1人で株主総会の決議を可決することもできる

前期は一時的な損失が発生して株価が下がったので，株式を後継者に渡す千載一遇のチャンスですよと銀行から言われているんだ。たしかに，去年までは株価が高いって税理士が言っていたから，株価が下がったら後継者の負担も減るだろうし，この時期に自社株を渡すのは一理ある気がするんだけど，どうかな？

社長，それを考えるのにあたって，**自社株には財産価値と会社を支配する権利**があることをご理解いただく必要があります。

 財産価値と会社を支配する権利か……。ちょっとピンとこないんだけど。

 まず，財産価値のご説明をします。

例えば社長が後継者に自社株を譲渡したり，相続で渡したり，贈与する時に，自社株には各々値段があるということです。この自社株に値段があるということが，自社株の財産価値ということです。

したがって，株価が下がった場合に自社株を渡すとしたら，後継者が自社株を買ったり，相続税を払ったりする資金負担が減るので，財産価値だけを考えると株価が下がった時は自社株を渡すチャンスだという考え方は正しいといえます。

 そうだよね。後継者が借入をする金額も減るからね。銀行も正しいことを言っているんじゃないの？

 しかし，自社株には財産価値以外に会社を支配する権利もあります。

これは株主総会での議決権のことです。例えば社長が後継者に過半数の株式を渡した場合には，後継者は株主総会の普通決議を1人で可決することができます。取締役の解任は普通決議ですので，後継者1人で社長を取締役から解任することも可能です。

息子にクビにされるってこと？　おいおい。

決して脅かしているのではなく，親族間での支配権をめぐる争い
はよくあるお話で，経営者にふさわしくない人を後継者として会
社をバトンタッチしたら，暴走してしまうリスクもあります。

未熟な後継者は親父がいなくなったら，会社を好き放題にしてし
まう可能性もあるってことか…。
でも，バトンタッチしてもいいと思った時に，株価が高かったら
大変だよね。

その時には，株価対策や，納税猶予制度の適用を受けることを検
討するのです（**Q50〜Q54**納税猶予制度ご参照）。
**たまたま発生した株価下落のタイミングに頼るよりも，後継者の
育成状況を見ながら，後継者が経営者としてふさわしい能力を身
につけた時に自社株を渡す方が，経営上好ましいことです。**

そうだよね。株価が下がったから慌てて後継者に株式を渡すとい
う考えは，しっくりこなかったんだよ。

はい，そうです。
事業承継対策において優先されるのは，後継者が会社の経営を担
う力を身につけることや，経営体制を整えることです。
そして，そのことを重視した結果，最終的に税金や借入などの資
金負担が増加したとしてもそれは仕方のないことだとお考えくだ

さい。

後継者が手腕を発揮して会社の業績を伸ばせば，税金や借入は会社の収益から支払うことができますが，後継者に経営能力が乏しい場合には，それらが支払えず経営が立ち行かなくなることも考えられます。資金負担を最優先に考えるのは本末転倒です。

なるほどね。ところで，なんで，みんな早く株式を後継者に渡すことをすすめるような話をしてくるんだろうか？

それはいろいろな理由が考えられます。

まず，今後，株価が上昇し，自社株を渡す時の会社の資金負担が増えることを心配して提案しているケースです。

今後，会社の株価がどんどん上昇していくという前提であれば，後継者が自社株を取得する資金の負担は時間とともに増えていく可能性があります。

ただ，株価というのは同業他社の株価の影響も受けるので，会社の業績が良くても一概に株価が上昇し続けるというものではありませんので，「御社の業績は良いので，株価は上がる一方です。急いで株を渡さないと大変なことになります」というような提案にはご注意ください。

また，別の理由として，銀行はビジネス推進の観点から，早く株式を渡すことをすすめるような提案をする可能性もあります。

具体的には自社株を買う資金を後継者が借入をすることが，銀行のビジネスチャンスってことかな。

そうですね。それに加えて，社長が株式を譲渡した場合には，その譲渡代金で運用商品をすすめるケースがあります。もちろん，事業承継対策を実行する場合には，借入が必要なケースがあるのは事実ですから，提案自体が悪いというわけではありません。
株式を譲渡する時期が御社にとって最良の時期かどうかを確認し，銀行本位の提案になっていないかを見極めることが必要です。

銀行も商売抜きで提案してくれるわけではないのはわかっているし，実際，借入が必要なケースは多いからね。
社長のイスを渡して経営をバトンタッチすることと自社株を渡すことの基準は違うことが良くわかったよ。後継者が社長にふさわしいと納得できたら自社株を渡すことにするよ。

自社株には，財産価値と支配権があります。
株価が下がった（財産価値が減った）というだけで，支配権を持った自社株を渡すことは経営上好ましくありません。

▷「誰に」「何を」渡すのかについて考える

Q10　後継者になる人，自社株を引き継ぐ人の違い

社長のイスを継ぐ人（後継者）と自社株を承継する人の条件を教えてください。

Answer

社長のイスを継ぐ人（後継者），自社株を承継する人に必要な条件は次のとおりです。

■社長のイスを継ぐ人（後継者）

実務経験を積み，経営者としての資質と能力（営業力・財務判断力・決断力等）があり，社内外からの信用があること

■自社株を引き継ぐ人

株式を取得する際の買取資金や納税資金を負担できる財産の背景があり，会社も含めてその資金の調達ができること

今のところ，次男を社長にして，長男・長女にも自社株を渡そうと考えているんだけど，そもそも後継者を選ぶ基準や自社株を渡してもいい人，ダメな人とかの基準がわからないので教えてくれるかな。

たしかに社長が大きくした会社ですから，できればご子息を社長にして，親族で会社を続けることを検討したいですよね。

ただ，データによると大きな変化が見られます。

2015年に中小企業庁が実施した調査結果を53頁の図でご覧ください。

現社長の在任期間が35年以上から40年未満の層では，９割以上が

親族内で承継していますが，現社長の在任期間が短くなるほど，親族内で承継する割合が減少し，従業員や社外の第三者による承継が増加しています。

特に，調査時点の直近5年間では，**親族内で承継する割合が約35%まで減少**しています。

なんでそんなに減ったのかな？

時代の変化とともに，将来が不安視される業界もありますので，子供が親の会社を継ぎたくない，また親が継がせたくないなど理由はさまざまです。また，親族に後継者に適した人がいないということも大きいと思われます。

たしかに，社長の子供がみんな社長に向いているとは限らないしね。うちも次男は向いていそうだけど，長男は真面目すぎて無理かなと思うんだ。

親族へのバトンタッチが減った結果，M&Aの件数も年々増加しています。それでは，後継者と自社株の承継者に必要な条件を整理したいと思います。

◆後継者に必要な条件とは

まず後継者に必要な条件は，**経営者としての資質と能力**があることです。

■経営者の在任期間別の現経営者と先代経営者との関係

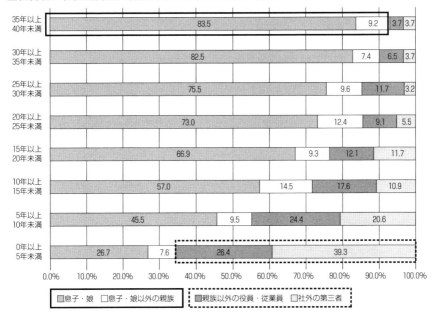

在任期間	息子・娘	息子・娘以外の親族	親族以外の役員・従業員	社外の第三者
35年以上40年未満	83.5	9.2	3.7	3.7
30年以上35年未満	82.5	7.4	6.5	3.7
25年以上30年未満	75.5	9.6	11.7	3.2
20年以上25年未満	73.0	12.4	9.1	5.5
15年以上20年未満	66.9	9.3	12.1	11.7
10年以上15年未満	57.0	14.5	17.6	10.9
5年以上10年未満	45.5	9.5	24.4	20.6
0年以上5年未満	26.7	7.6	26.4	39.3

出典：みずほ総合研究所㈱「中小企業の資金調達に関する調査」（2015年12月）再編加工
出所：中小企業庁　事業承継ガイドライン（平成28年12月）

 それは当然と言えば当然なんだけど，もっと具体的に教えてくれる？

 重要なポイントは，営業力・財務判断力・総合的な決断力と，それによって得られる社内外からの信用ですね。

 経営者の一番の能力は決断力だし，もちろん営業力も重要だけど，資金繰りがわからない営業一辺倒の経営者ではだめだね。

 はい。ただ，経営者としての資質・能力をチェックすると言っても，現時点で後継者に社長と同じレベルを求めるのは酷な話です。

社長は40年以上も経営をされているので，**決して後継者が社長の
レベルに追いつくことはない**と考えてください。

仮に今は多少能力不足だとしても，将来，経営能力を備えること
ができる人物かどうかの判断が重要です。

社長にふさわしい人間かどうか。それが，資質があるかどうかっ
てことだね。

私が社長になった時は会社が小さかったから，いろいろ失敗する
ことができたけど，後継者はいきなり従業員がたくさんいる会社
を継ぐからハードルは高いよね。

それから，自社株を引き継ぐ人の条件はどういうことなの？

◆自社株を引き継ぐ人の条件とは

自社株を引き継ぐということは，**自社株を引き継ぐための購入資
金や税金を支払う必要がある**，ということが重要なポイントです。

自社株を引き継ぐ人は，①相続で受け取る，②贈与で受け取る，
③譲渡（引き継ぐ人が買う）の３つの方法を選択しますが，どの場
合でも相続税・贈与税・購入資金など，まとまったお金が必要です。

それはそうだよね。

結論から申し上げますと，社長のお子さんたちが自社株を引き継
ぐ場合には，①相続で受け取る，②贈与で受け取る（もらう），
③譲渡（引き継ぐ人が買う）の方法が検討できますが，親族でな
い方が自社株を引き継ぐ場合には，検討のハードルが上がります。

それは，お金の準備が難しいってことかな。でも子供たちもお金はないから同じじゃないの？

では，相続のことから説明します。自社株を引き継ぐ人が社長のお子さんの場合，社長の持っている自社株・不動産・金融資産などを相続することになるので，相続税はその相続財産から納税することが可能なケースがあります。

金融資産で払うとか，自社株の一部や不動産等を売るかってことだね。

そうです。ですから自社株を引き継ぐ人が親族でなければ，資金的な背景が生まれないので払えないのです。

じゃあ，譲渡（引き継ぐ人が買う）場合はどうなの？
譲渡（引き継ぐ人が買う）の場合には，自社株を引き継ぐ人に自己資金がなければ借入だよね。これは，子供たちも，親族以外の人も借入の返済原資がないという点では同じじゃないかな？

親族だったら，社長から相続で受け取った金融資産や，他の資産を売却して借入の返済原資にすることが検討できます。
しかし，親族以外の人が引き継ぐ場合は，社長の資産を引き継ぐような状況にありませんので，返済原資の確保は難しいでしょう。
もちろん，親族以外の人が持株会社を作って，その会社が借入をするケースもありますが，その場合には，個人が借入の連帯保証人になることが求められるケースもあり，簡単ではありません。

なるほど，親族以外の人が借金までして社長になるって，相当な覚悟だよね。

じゃあ，自社株をタダであげると言ったらどうなの？

その場合，贈与税がかかってしまいます。贈与税は最高税率が55％と高く，まとまった自社株を贈与した場合，親族以外の人は納税資金がないことが多いでしょう。

そうか，タダで渡すといっても税金はかかるんだね。

自社株を引き継ぐ人を選ぶ難しさはよくわかったよ。

はい。社長の場合には，ご次男を後継者としてお考えで，自社株もご親族に渡すことをご検討されているので，まずはその方向で進めましょう。

そうだね。後継者が育たないことには，始まらないよね。

> 後継者に必要なのは，経営者としての資質と能力です。
> 自社株を引き継ぐ人に必要なのは，財産の背景か資金調達能力です。

Q11 兄弟経営の検討

子供が社内に2人いる場合のバトンタッチの方法を教えてください。

Answer

■兄を社長候補として弟よりも優先的に考えるのではなく，経営者の資質と能力を持った人を後継者に選択すべきです。

兄にそれが備わっていれば問題ありませんが，それがないのにもかかわらず後継者になった場合には，本人，会社，従業員が不幸になります。

親族であることを考えず，**兄弟のどちらが後継者として能力があるかどうかを検証すること**が重要です。

■また，兄弟での経営はうまくいかない例も多く，兄弟2人が別会社で経営をすることも1つの方法です。

今のところ次男を社長にしようと考えているんだ。ただ，そうなると長男の立場がどうなるのかということも気になるので，自分の考えが正しいのか確認したいんだ。

社長はなぜ，ご次男を社長にされようと考えられたのでしょうか？

それは，次男のほうが営業力があって資金繰りもよくわかっているし，従業員からの人望が厚いので，経営者にふさわしいと思うからだよ。

長男は頑張っているけど，真面目すぎて小さくまとまっているところがあるし，社長の器ではないと思うんだ。

なるほど，ご長男，ご次男の経営者としての能力を検証されての決断ですね。

それは，正しいご判断です。

同族企業は，兄弟の経営能力の有無を考慮せずに，ともかく長男だからという理由で長男を社長にするケースが多いのですが，世の中では，兄弟での経営は難しいと訴えている事例をたくさん目にします。

そうだよね。うちの長男は社長になりたいと思っていないような気がするし，そんな状態なのに社長にしたら長男もつらいよね。

はい。社長は，ご次男を親族だからという理由ではなく，社長にふさわしい人物が誰かと考えた結果，後継者候補に選ばれたのであれば，正しい決断です。

そうだよね。こういうことは誰にも相談できないから，そう言ってもらえると，安心するよ。

それでは，兄弟どちらが社長になるのかということだけでなく，兄弟経営のメリット・デメリットを整理してみましょう。

【兄弟経営のメリット】
・兄弟で得意な分野を補完し合う良好な関係になることがある。
・兄弟同士は阿吽（あうん）の呼吸で対応できることがある。
【兄弟経営のデメリット】
・兄弟の能力差が大きい場合でも，地位に大きな差はつけられない。

・兄弟間の収入格差について，配偶者への配慮が必要。
・兄弟の子供同士が入社した場合，後継者の選択が複雑になる。

これを見ていただくと，兄弟経営は，メリットもありますが，デメリットも大きいですね。

そうだね。どう考えたらいいんだろう？

社長が次男を後継者にしたいとお考えであれば，長男，次男に対して，その意図をご説明ください。
それでご子息たちが納得されれば，ひと安心ではありますが，社長がご存命の時と相続発生後では，ご子息のお考えや状況が変わることもあるので，万全とはいえません。

ウチの子供たちは小さい頃から仲がいいからうまくやっていけると思うんだけど，でも世の中では仲の良い兄弟が，相続後に揉めるという話は聞くよね。
うちも例外と考えてはいけないかもしれないね。じゃあ，どうしようか？

例えば，関連会社があれば，兄弟別々の会社の社長になる方法や，関連会社がない場合には，製造と販売部門を分社する等，会社を分割して兄弟別々の会社の社長になる等の方法も考えられます。

そういう方法か。持株会社と事業会社の社長を分けた会社もあったな。

兄弟経営の問題は，兄弟の上下関係と会社の上下関係があることです。

なるほど，兄弟は仲良くしてほしいけど，そうでないことも想定して準備することが重要ということだね。

社長にふさわしいのは，経営能力がある人です。兄が上で，弟が下というのは，家族の中での年齢のことで経営能力のことではありません。

Q12 後継者候補への意思確認① ～後継者候補が自社に勤務している場合～

息子はすでに会社に入社しており，後継者候補と考えていますが，息子の意思は確認していません。このままでいいのでしょうか？

Answer

■親の会社に入社していたとしても，社長から後継者候補であるとの説明がなければ，自分が後継者であると確信は得られず，後継者としての自覚が生まれません。

■自分から親である社長に向かって，事業承継の話を切り出すのは難しいものです。

社長から，子供に向かって，後継者候補として期待していることを，説明することが重要です。

後継者を早く決めることが，事業承継のスタートであることや，兄弟経営の難しさについては，すでにご説明しました。

社長が後継者と心に決めたとしても，候補者本人にその意思があるのかどうかわかりません。やはり，**早期に後継者の意思を確認する必要があります**。

意思確認ねぇ。そうかなぁ。ウチの子はすでに会社に入社しているから，いずれは，社長になる想像はしていると思うけどね。

はい。確かに，社長の場合には，ご長男，ご次男の２名が入社されていますが，お二人とも社長になりたいと考えている場合もありますし，お二人とも社長になりたくないと考えている場合があります。

そうか。どちらの場合にも困るね。特に，私は次男に社長になっ
てもらいたいと思っているから，話をしておかないといけないね。

そうです。お子さんたちも，将来どちらが社長になるのか，わか
らないまま仕事をしているよりも，あらかじめ社長から後継者候
補が兄弟のどちらかという説明があれば，社長に指名された人は
早期に覚悟ができ，また指名されない人は，次期社長を兄弟とし
て支えるという心の準備をする期間もできるでしょう。

そうだよね。社長になるとならないとでは，社内外に対しての責
任の重さが違うから，心構えが必要だよね。

はい。特に，業歴の長い会社を引き継ぐことは，後継者にとって
大きなプレッシャーになります。先代と同じように経営して当た
り前で，何か新しいことに取り組まなければ評価されないと感じ
ているケースもあるでしょう。

それで，どうしたらいいかな。子供がどのように考えているのか
わからないし，直接聞くのもなんか，緊張するね。どうだろう，
まず，あなたから，聞いてくれないだろうか。

わかりました。

◆長男（専務）との面談

専務は経営陣としてご経験を積まれていますし，まだ何年後のことかわかりませんが，将来の経営についてお考えになることもあると思います。

そうですね。私も役員として，会社のことがいろいろと理解できたところですが，まだ社長がいなくなった時のことは，あまり想像ができていません。
ただ，私は長男ですし，後継者としての期待感もあるかもしれないとは感じています。

そのことについて，社長にお話を聞いたことはありますか？

いえ，ありません。事業承継の話をするということは，社長に会社を辞めてほしいと言うことのように感じてしまって，怖くて話ができません。もちろん自分が後継者になる話だけではなく，自社株をどうするのかとか，税金の話とか，いろいろと対策はできているのか聞いてみたいとは思っています。

そうですよね。突然社長が亡くなられたら，困りますよね。やはり社長に聞いてみることは大切なことではないですか。

それは確かにそうなんですが，友人に同族会社の社長の息子がいて，親に事業承継の話を聞いてみたところ「ワタシに辞めろというのか！」と逆鱗に触れたそうです。そういう話を聞くと躊躇し

てしまいます。

確かに，お話の仕方によっては，そういうことはあるかもしれませんね。

それでは，社長から，後継者候補として指名されたら，どのように感じますか？

実は，私はあまり社交的ではないですし，リーダーシップを発揮するというのも得意ではありません。社内で経営企画や財務などの管理をする方が好きです。

そして，私と違い，弟の方が取引先の受けも良く，社員からの人望もあるので，社長に向いているんじゃないかと思っています。弟と話をしたことはありませんが，弟が社長になりたいというのであれば，素直に兄として応援するつもりはあります。もちろん，父がどのように考えているかということが優先するんじゃないかと思いますが。

わかりました。それでは，弟さんのお気持ちも確認した上で，社長にお話をしてみます。

◆次男（常務）との面談

専務（長男）から常務の社内外での評判が良いと聞きました。着実に経営者として，ご経験を積んでいらっしゃるのですね。

いえいえ，私は，まだまだ社長の背中を追いかけているにすぎません。

社長は，常務の役員としてのご活躍について，とても喜んでおられます。

例えばの話ですが，将来，社長として，この会社を率いてみるお考えはありますか？

えっ。私が社長ですか？　全く考えたことはないですね。兄もいますし，社長が私に後継者として期待しているっていうのは，考えにくいですね。

それでは，社長やご長男のお考えは抜きにして，純粋に社長をやってみたいというお気持ちはありますか？

そうですね。日々，社長の経営している姿を見ていると，学ぶことが多いですし，いつか自分もそうなりたいという希望はないとはいえません。

ただ，社長から言われない限り，自分から社長になりたいと言うことはありません。

同族経営の会社ですから，自分から和をみだすようなことはできないんですよ。

それでは，社長から後継者としてご指名があり，ご長男も納得されれば，社長になる意思はおありですか。

今まで，考えたことがないので，何とも言えませんが，社長からの指名であれば，自分が社長としての期待をしてもらえたということなので，前向きに考えたいと思います。

◆再び社長との会話

……コンサルタント半田から長男，次男との打ち合わせ内容を説明……

 そうか。長男は，あまり社長になる希望がなかったし，次男は，まだよくわからないけれど，後継者になる気持ちはありそうだね。

 はい。ただ，お二人とも社長には，事業承継の話を切り出すことはできないというお気持ちでしたので，社長がお話しにならない限り，何も進みません。

また，ご次男が社長になって，ご長男はほっとされる反面，世の中からみれば，弟の方が兄より優秀だったと思われる可能性があり，その場合には，兄として対外的なメンツはつぶれることになります。

ご長男の心のケアも含めて，将来，兄弟仲良くやっていけるように，社長とお子さんで，じっくりとお話をしていただくことが大切です。

 そうだね。兄弟仲良く会社を経営していってほしいから，バトンを渡す立場として，責任を持って，子供たちときちんと話をするよ。

子供が入社していても，親である社長に向かって，事業承継の話を切り出すのは難しいものです。

社長から子供に対して，後継者候補として期待していることを，説明することが重要です。

Q13 後継者候補への意思確認②
～後継者候補が他社に勤務している場合～

社外で働いている息子を後継者候補と期待しているのですが，子供はどのように考えているかわかりません。どうしたらいいでしょうか？

Answer

■社長の子供に生まれたということは，将来，社長になることを期待されていることは感じています。しかし，他社に勤務している場合，父親である社長から，具体的に後継者候補であると告げられない場合には，後継者としての人生を歩むのか，会社員としての人生を歩むのか選択できません。

■何もしないまま年月が過ぎてしまうと，子供が勤務先で責任のある立場で活躍することになり，**後継者として入社することが難しくなる場合**があります。

■会社と子供の将来を本当に考えるのであれば，後継者として期待していることと，具体的に何年後に入社してほしいのかということを，早い時期に子供に説明する必要があります。

ところで，知り合いの会社の話なんだけど，息子が他社に勤務しているらしいんだ。ひとり息子だから，その社長としては，将来会社を継いでほしいと考えているようなんだけど，子供はその会社で10年も勤務していて，子供がどう考えているのかわからないから，子供に気持ちを確認するのに躊躇してしまっているらしいんだ。

親子だけに，難しい問題だよね。

子供に話をしていない点では，社長の場合と同じですね。

まぁ，そう言わないでよ。

社長が子供を後継者と期待していながら，話をしていない理由は「子供に断られるのが怖い」ことや，「子供の人生を尊重するべきか」という悩みによるものが多いそうです。

それは，そうだろうね。子供にもやりたいことがあるだろうし，後継者じゃない人生を夢見ていることもあるから，親として，子供に気を遣うよね。

確かにそうです。ただ，社長として，子供に後継者になって欲しいとお考えになるのであれば，早期に子供に話をするべきです。断られるのが嫌でも，断られたら，他の後継者を見つけなければならないという現実問題に直面するのですから。

そうだよね。その話に結論を出さないと，問題を先送りにしているだけだよね。

はい。社長としても，子供に会社を継がせたいのであれば，覚悟をもって話をしなくてはいけません。

でも，どの段階で話をするのがいいのかな。就職する時には，子供も友達と同じように好きな会社を選びたい気持ちもあるだろうしね。

老舗の同族企業の場合，子供が小学生の頃に，後継者になること
を期待していると説明することがあるそうです。早くから後継者
としての自覚を持たせることが，100年以上も事業を継続できる
方法なのかもしれません。

 なるほどね。まるで世襲制度のようだね。でも，同族企業の場合
には，「家業」と考えれば，子供には会社を継いでいく義務のよ
うなものがあるかもしれないね。特に一人息子の場合には，もは
や宿命と言ってもいいかもしれないよ。

 はい。小学生の頃に話すというのは，全ての企業には当てはまる
わけではありませんが，少なくとも子供が就職活動をする際には，
一度，社長ご自身がご子息を後継者として期待していることを話
してください。
もちろん，子供も会社を継ぐ意思が明確にはないかもしれません
が，社長からお話をしていただくことで，少なくとも，**子供の選
択肢に後継者としての人生が存在する**ことになりますし，社長と
しても将来，子供を後継者として期待できるのか，全くできない
のかということがわかるだけでもいいでしょう。

 そうだね。子供と話をしてみないと，ビジネスマンとして活躍し
たいのか，学校の先生になりたいのか，またミュージシャンや映
画監督になりたいという夢をもっているのか，親としては全くわ
からないからね。

そして，子供に少しでも後継者としての可能性があるのであれば，その時点で就職する企業も，親の会社と関係のある業種を選ぶこともアドバイスしていいでしょう。

そうだね。同業の会社に就職してノウハウを身につけるのもいいよね。またそれとは別に商社や銀行のようにさまざまな業種をみることができるところに就職する方法もあるよね。

そうです。いずれにしても，他社で働く経験や人脈はその後の後継者としての人生に役立つことでしょう。

だけど，よその会社の仕事が楽しくなって，偉くなってしまっても困るね。

はい。実際にあった例ですが，ある社長が子供を後継者として期待しながらも，それを子供に説明しなかったため，子供の方も，後継者としての期待がないのだと思い，就職した会社で一生懸命，サラリーマンとして頑張りました。

その結果，その会社で責任のある立場になり，将来を期待される人材になりましたが，子供が入社10年以上を経過した頃に，社長が体調を崩され，子供に後継者として会社に入ってほしいと告げました。

しかし，子供も責任のある立場にあり，すぐに辞めることはできずに，時間をかけて引き継ぎをした上で，ようやく入社しました。

子供に言っていないと，そういうことは考えられるね。そうならないようには，どうしたらいいのかな。

もし，子供に親の会社を継ぐという選択肢があるのであれば，**就職する際に，「○○年後には，会社に入社してほしい」と説明しておくことが大切です。**

そうか。そうすれば，子供も，人生設計が立てやすいし，就職した会社でも緊張感をもって働くことができるね。

はい。繰り返しになりますが事業承継対策で最も重要なことは，後継者の選択と育成です。**子供から後継者になりたいと言ってくるケースは，まず，ないと考え，社長から早期にお話ししていた**だくことが大切です。

わかった。その社長にも，覚悟を決めて，子供に話をするように伝えるよ。

> 社外にいる子供は，後継者候補としての指名がなければ，後継者として入社することが難しくなる場合があります。
> 早い時期に，子供への期待を本人に説明する必要があります。

Q14　後継者が若い場合の事業承継対策の検討

将来子供に会社を継がせたいと思っていますが，未成年なので，まだ継いでくれるかどうかわかりません。
そんな場合の準備を教えてもらえますか？

Answer

■子供が若いなどの理由で，引き継ぎたくてもすぐには引き継げない場合には，いったん子供以外の親族や親族以外の役員に引き継ぎ，子供が後継者としてふさわしい能力を身につけた時にバトンタッチをするという方法があります。

知り合いの会社の社長は，将来，子供に会社を継がせたいんだけど，子供はまだ大学生だからどうしたらいいのか困ってるんだよ。

そうですか。大学生のお子さんだったら，まだ将来の進路もわかりませんよね。

そうなんだよ。その会社は株価が高いし，社長は持病があるんで，早い時期に後継者を決めたいらしいんだ。

なるほど，その社長のお気持ちはわかりますが，お子さんに継がせられるかどうかの結論は，今は出せませんから，ここで後継者となり得る人を考えてみましょう。

◆後継者の対象

　後継者となり得るのは，①**親族**，②**親族以外の役員・従業員**ですが，①と②に該当者がいなければ，③**第三者にM&A**の方法で売却することになります。

　最近では，社外の人材を登用するケースもありますが，未上場の企業では，既存の役員や従業員との関係構築において，少しハードルが高いかもしれません。

■後継者の選択

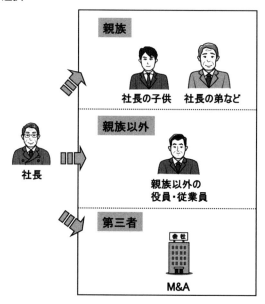

　なるほど，後継者の選択肢はわかったよ。

　今のところ，第三者に売りたくはないだろうから，親族か親族以外の役員ってことだね。

ただ，その整理ができたとしても，その社長のお子さんが急に社長を引き継げる年齢にはなるわけではありません。

そこで，次の図にあるようにお子さん以外に会社の経営を任せ，その間にご子息を後継者にするのかどうかを考える方法があります。

なるほど，子供以外がリリーフピッチャーのような役割をするということだね。

これなら，子供が大学を卒業して，場合によっては他社で修行して帰ってくるという時間も稼げるかもしれないね。

■後継者が育つまで親族，親族以外の役員・従業員が社長として経営

そうです。お子さんが経営者としての資質があるかどうかも見極める時間が生まれます。

ところで，こういう場合には，リリーフピッチャーの社長に自社株を渡したほうがいいの？

例えば，社長の弟さんがリリーフの場合，社長と社長の弟さんの関係が良好なのであれば，自社株を所有しなくても，弟さんは経営できると考えられます。

最終的に社長のお子さんが社長になられるという前提であれば，お子さんがスムーズに会社の重要事項を決められるようにすることが大切で，そのためには他の親族に自社株は渡さないほうが無難です。

そういうことだよね。

そして，親族以外の役員がリリーフの場合には，自社株を買う資金もない場合が多いですし，将来，お子さんが社長になったら，買い取ることになるでしょうから，あまり渡さない方がいいでしょう。

了解。じゃあ，社長を降りるけど自社株は，ほぼ自分が持ったままで，リリーフピッチャーの社長をフォローしてあげればいいね。

そのとおりです。

ところで，この状態で子供には自社株を渡してもいいんだろうか？

生前贈与で非課税の範囲で渡すなど，少数株式であればいいんですが，まだ会社を経営していないお子さんに過半数以上の自社株を渡して，その後，そのお子さんが会社を継がない場合には，後継者にとっては面倒なことが増えてしまいます。

なるほど，後継者と決まっていないのに，あわてて事を進めないほうがいいということだね。

後継者を決めることが事業承継対策の中で最も重要で，最も難しい問題です。

親族を後継者にしようと期待して準備しても，子供が継がないことも増えています。

その場合には，親族ではない役員を後継者にするか，もしくはM&Aで売却，最後の方法は残念ながら廃業ということになります。

廃業か，残念だけど，そういうケースも増えているんだろうね。

はい。老舗企業は，世襲が当たり前でしたが，これからの時代は親族を後継者として期待するだけではなく，親族以外の役員に候補者がいないか？　またM&Aで売るとしたら候補となる会社はあるのか？　など考えておく必要があるということです。

わかった。その社長によく話しておくよ。

> 子供が若くて，後継者と決められない時は，ワンポイントリリーフのピッチャーに経営してもらいましょう。
> そしてその間に，子供の意向や経営者の資質を見極めましょう。

Q15　親族以外への事業承継の考え方

親族以外の役員にバトンタッチする場合，何から考えればいいでしょうか？

Answer

■事業承継で渡すものは，**社長のイス**と**自社株**です。

親族ではない役員が会社を引き継ぐ場合，２つのパターンがあります。

① **社長のイス**だけ引き継ぐ方法

② **社長のイス**と**自社株の両方**を引き継ぐ方法

▶社長のイスだけ引き継ぐ人（①）は，自社株を買う資金の負担はありませんが，株主総会で自由に経営方針を決めることはできません。

▶社長のイスと自社株の両方を引き継ぐ人（②）は，自由に経営ができますが，自社株を取得するための資金が必要になります。

これらのバランスを考えて現実的な答えを見つけることが必要です。

次男を後継者にしようと考えているんだけど，まだ先のことはわからないし，親族ではない役員に引き継ぐ可能性がないとはいえないと思っているんだ。

親族ではない人に引き継ぐ場合に，どんなことを考える必要があるんだろう。

そうですね。親族以外の人が社長になる場合には，自社株まで承継するのかしないのかということが重要なポイントです。

①親族以外の人が，社長のイスだけ引き継ぐ場合

社長のイス

自社株がないので、資金
負担がないが自由な経営
はできない

社長　　　　親族以外の
　　　　　　役員・従業員

①は親族以外の役員が社長になりますが，自社株は引き継がない
というケースです。

この場合，自社株は親族が引き継ぎますので，教科書的に言うと
所有と経営の分離と言われる状態です。

この方法では，社長になる人は自社株を買い取らないので，資金
負担はありませんが，自社株を持っていないので，**株主総会で会
社の重要事項を株主の了解なしに決定する**ことはできず，**経営の
自由度は低い**です。

②親族以外の人が，社長のイスと自社株の両方を引き継ぐ場合

社長のイス　自社株

自社株を引き継ぐためには
資金負担が大きいが、自
由な経営ができる

社長　　　　親族以外の
　　　　　　役員・従業員

②は，親族以外の人が社長のイスも自社株も引き継ぐというケースです。

このケースは，社長になる人が自社株を買い取る資金負担は大きいものの，**株主である親族にお伺いを立てることなく，自由に経営できる**のです。

それでどっちがいいの？　社長になる人にとって，お金がかからないという点では，①のほうがラクだよね。

はい，自社株を買い取る資金負担がないという点では，①のほうが実現しやすい方法です。

後継者は，自社株を買い取るために高額な資金の借入までして社長になりたいとは思わないかもしれません。

そうだよね。サラリーマンは住宅ローンで1億円なんて借りたりしないけど，うちの株価は高いから，億円単位にはなってしまうものね。

そうですね。ただ，この方法では，後継者は自由に経営ができません。

例えば会社の業績が芳しくなく，大規模なリストラをせざるを得ないと考えた時に，創業者の親族である株主などと交渉しながらの意思決定は簡単ではないでしょう。

うーん，あんまり権限のない社長なんだね。雇われママさんと言ったら失礼かな？

たしかに，後継者が会社経営のわからない株主に承認をもらうというのは，経営上スムーズではないね。

経営がスムーズという点では②がいい方法だと思うんだけど，株式買取資金が問題だよね。

結局どちらがいい方法なのかな？

はい。社長のイスと自社株を別々の人が承継する①の方法については，**Q16**でご説明し，後継者が社長のイスも自社株も承継する②の方法については，**Q17**，**Q18**でご説明します。

親族以外が承継する場合の検討事項は，株式を取得する資金の負担と経営の自由度のバランスです。

Q16　親族以外への事業承継方法①〜創業家が自社株を保有したままで，親族ではない社内の役員への承継〜

親族に後継者がいません。自社株は親族に渡して，経営を第三者に承継する方法で経営はうまくいきますか？

Answer

■株式を所有している創業家が，自社株を保有したままで親族以外の役員等に経営を任せた場合，次のような問題が発生する可能性があります。

1．経営陣と親族との関係
　　① 後継社長は**創業家にお伺いを立てながら経営をしなくてはならない。**
　　② 今後，創業家の相続発生により，**創業家と経営陣の関係が希薄になり**，経営陣は安定した経営のために創業家の法定相続人と親密な関係を維持する努力が必要になる。

2．創業家にとっての問題
　　① 経営に関与していない創業家は経営判断能力が乏しく，経営判断を求められても結論が出せない可能性がある。
　　② 自社株を所有している創業家の相続は，単純な個人の相続手続では完結せず，会社の事業承継対策との連携が必要となる。

3．対策方法
　　① **親族には３分の１以下のシェアを持たせる**ことで，**新経営陣のスムーズな経営と創業家としての想いを両立**させる。
　　② 親族には，不動産や資産管理会社など，自社株以外の資産を承継させることも検討する。
　　③ 会社存続のために，MBOやM&Aで親族以外への承継を検討する。

知り合いの社長は子供が娘だけだから，娘に自社株を全部渡そうとしているんだ。

親族ではない，社長の片腕の専務を社長にして，他の役員がそれを盛り立てるかたちで任せるつもりらしいんだけど，娘は働いた

ことがないようだし，なんか問題ありそうだよね。

そうですね。後継者や新経営陣が苦労される可能性がありますね。新経営陣は現在の経営方針を承継されるとは思いますが，今後，新たな設備投資を行うとか，業況の悪化でリストラをしなければならないとかいろいろな局面を迎えることがあると思います。
そんな時に新経営陣は，大株主である娘（創業家）にお伺いを立てる必要がありますし，また娘（創業家）も経営がわからないのに決断を迫られたら困ってしまうでしょう。

そうだよね。新経営陣，創業家のどちらにも大変な話だよね。

今後，創業家の相続が進むと経営陣は創業家と親密な関係を維持することに大変な努力が必要になります。
そして相続についてもう1つのポイントは，創業家にとっては個人の相続の問題でも，会社の自社株を持っているだけに単純な相続ではなく，会社の事業承継対策との連携が必要になるということです。

そうか。娘さんの子供が自社株を引き継ぐということだね。それは，会社にとって大きな問題だね。それに経営に関わっていない相続人が，相続の時に会社と打ち合わせしなきゃならないのは大変だよね。
だけど，その社長としては，せっかく自分が創業して大きくした会社だし，それに会社から配当を受け取ってほしいから，どうし

ても子供に株式を持ってもらいたいらしいんだ。

配当など財産の問題であれば，自社株を現金化して渡せば解決しますし，定期的な収入を確保したいのであれば，自社株を譲渡した代金で不動産を買うなどの方法もあります。

また，創業家として自社株を持っていてほしいということであれば，親族ではない経営陣が3分の2以上の議決権を確保し，創業家には3分の1以下の自社株を承継させることで創業家の想いを繋いでもらうことはできるのではないでしょうか。

そうだね。創業家が自社株を100％持たなくても想いは繋げるよね。

はい。未上場企業の場合，創業家に会社を担える人材がいないと判断した時点で，その会社は他人のものになっていくものだとご決断いただき，親族でない役員・従業員が経営と自社株を引き継ぐMBO（**Q17**）の方法や会社を売却するM&A（**Q18**）を検討することが会社の存続にとって重要です。

> 創業家以外の経営陣がスムーズな経営を実現するためには，経営陣が一定割合以上の自社株を所有することが大切です。

Q17 親族以外への事業承継方法②～MBO～

親族以外に会社を渡す時にMBO（マネジメント・バイアウト）という方法があると聞いたのですが，どんな方法ですか？

Answer
■「親族ではない役員（経営陣）」が新会社を設立し「現社長」から会社の株式を買い取って経営をする方法をマネジメント・バイアウト（Management Buyout）といいます。

最近では親族に会社を引き継ぐ割合が減っていることはすでにご説明しました。

ただ，親族ではない役員が経営者の所有する自社株を個人で買い取ることは，資金負担が大きく，現実的には難しいものです。

MBO（マネジメント・バイアウト）は，新経営陣（後継者を含む複数の役員）が，個人借入をするのではなく，新会社を設立して，その会社で株式を買い取る方法です。

ちょっと，難しいな。日本語でわかりやすく説明してよ。

はい。MBOとは，Management Buyoutという英語の頭文字をとったものです。

一般的なMBOの方法は新経営陣が新会社を設立し，その会社が銀行やファンドから資金を調達して，現社長から株式を買い取るものです。

なんだ。簡単に言うと，経営陣（マネジメント）が株を買う（バイアウト）ってことだね。難しくなかったよ。

【解説】 事業会社A社のMBOのケース

1

① 新経営陣が自社株の受皿会社をあらたに設立します。

② 受皿会社は自社株の購入資金を銀行やファンドなどから借入をします。

③ 社長は受皿会社に株式を譲渡し，受皿会社は②で借入した資金で自社株の譲渡代金を支払います。

2

④ 受皿会社と，もともとの本体である事業会社A社は合併します。

3

⑤ 合併存続会社は事業の収益から金融機関に借入金を返済します。

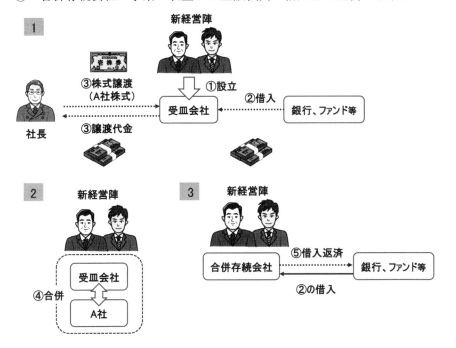

受皿会社って，ただ自社株を買うだけの受皿って理解でいいよね。そこが借入をするから個人の借入負担はないということ？

 そうです。受皿会社は事業も資産もない会社なので，自社株を購入した後にA社（事業会社）と合併し，借入の返済を行うことになります。

 これだと個人の負担がなさそうでいいように思うけど，デメリットもあるだろうね。

 たしかに，メリット・デメリット両方ありますので，それを整理してご説明します。

◆MBOのメリット・デメリット

【メリット】

・後継者と新経営陣が個人借入をすることがなく，親族以外の後継者への事業承継が実現する。

・現社長とともに会社の事業を運営している経営陣が後継者になるため，経営方針が継続される。

・後継者と新経営陣が自社株を取得して支配権を確保することにより，サラリーマン役員であった時よりも経営への責任感が高まる。

【デメリット】

・新社長が現社長並みのリーダーシップを発揮しないと経営がうまくいかない。

・新経営陣は個人借入の負担はないが，会社は返済原資の検討や場合によっては，担保提供が必要となる場合がある。

・自社株購入資金のみならず，今後の会社借入について新経営陣が個人
　保証を求められる可能性がないとはいえない。

当然だけど，メリットもあるけどデメリットもあるね。
この方法で一番重要なことは，後継者と新経営陣に経営能力があ
るかないかということだね。

そうです。後継者が，会社のNo.2としては優秀だったとしても，
社長として会社を引っ張っていく覚悟や能力があるのかどうかを，
別途考える必要があります。
そして，個人借入はしないといっても，銀行から借入についての
個人保証を求められる可能性があることも重要なポイントです。

なるほど，自社株の移転は可能な方法だけど，新経営陣の経営能
力や覚悟など，ほかにも検討すべきことは多いということだね。
早めに検討したほうがよさそうだね。

> MBOは，自社株買取りの資金調達が比較的容
> 易ですが，後継者と新経営陣の経営手腕が試さ
> れる方法です。

Q18 親族以外への事業承継方法③〜M&A〜

中小企業の事業承継においてもM&Aが活発に行われていると聞きますが，会社は簡単に売れるものなんでしょうか？

Answer

■親族に後継者がいないために事業承継をできない会社が増えており，この解決策として，M&Aを検討する企業が増加しています。

■買い手側が，企業を買う時に着目するポイントは，売り手企業の「事業」「資産内容」「顧客」などさまざまです。

後継者がいないので「売るしかない」と考えても，**いつでも売れるほど簡単ではありません。**

親族に後継者がいない知り合いの社長と飲んだ時に，「最後は売るしかないなー」って言っていたよ。

本心かどうかわからないけど，新聞によると中小企業のM&Aって増えているみたいだね。

そもそも，M&Aってどういう意味なの？

企業の合併をMergerといい，買収がAcquisitionで，その頭文字をとって，**M&A**です。でも，そんなことは覚えなくても全く問題ありません。M&A ＝ 会社の売買と考えてください。

簡単でよかったよ。

未上場企業の場合，従来は，同族で事業承継をしていることが多かったのですが，最近ではお知り合いの社長のように，親族に後継者がいないケースがかなり増加していることや，社内の役員や従業員を後継者候補と考えても自社株評価が高いと簡単に引き継げるものではないことがM&A増加の大きな要因と考えられています。

頑張って会社を大きくしたのに，渡す相手がいないなんて，残念な話だね。

でも，自社株を買う資金負担を考えたら，資金力のある会社に買ってもらうのは安心かもしれないね。ただ，簡単に買ってくれる人が見つかるのかな。

それは，買い手から見て，売り手企業に魅力があるかどうかということです。

魅力があるかどうか……。なんか採点されているみたいで緊張するね。

はい。それでは買い手から見た魅力ある企業，つまり，買い手にどんなメリットがあるかについて次にご説明します。

◆M&A　買い手側のメリット

① 売り手企業が持っているものを手に入れて事業を拡大

　<売り手企業が持っているもの>

　・事業ノウハウ

　　買い手企業が参入していない事業を持っていれば，新規参入のメリットがあります。

　・商品開発力・技術力

　・拠点（生産・販売）

　・マーケットシェア

② 事業拡大のスピードアップ

　事業ノウハウの蓄積，人材育成にかかる時間など事業拡大にかかる時間を短縮できます。

③ 投資コストの削減と投資の安全性

　特に新規事業参入の場合，売り手企業の既存の事業を買うことは，新規事業を立ち上げるよりも事業への投資コストは抑えることができます。

　なるほど。これによると，買い手企業が自社単独で事業拡大するよりも，スピードアップが図れたり，リスクを軽減することが狙いだね。

　だから，M&Aが成立するかどうかは，買い手に必要なものを売り手企業が持っているかどうかだね。

　そうです。事業承継が難しい会社を助けるために買ってくれる企業はありません。

　また，どんなに良い企業であっても，買い手にとっての魅力あるポイントはさまざまですので，簡単には成立しません。

「帯に短し襷（たすき）に長し」ということだね。それと売るタイミングも重要そうだね。

はい。いつ買い手が現れるかわかりませんので，M&Aも時間の余裕をもって準備されることが必要だと思います。

なるほど。それから，その知り合いの社長が会社を売って自分だけ大金を得るというのは，従業員を見捨てているようで罪悪感があると言っていたけど，どうかな。

はい。日本ではまだまだM&Aが定着していないので，そうお考えになる社長は多いですね。

ただ，後継者が見つからないまま社長がお亡くなりになったら，最後は廃業ということにもなりかねません。

廃業，悲しい響きだね……。そうなると，従業員は路頭に迷うかもしれないし，取引先にも迷惑をかけるよね。

はい。会社の存続と従業員の雇用を守るためにもM&Aは有効な選択肢であるとお考えください。

ところで，ここまでは買い手側のメリットのお話をしましたが，買い手側のデメリットもご説明しましょう。

◆M&A　買い手側のデメリット

① 企業文化の融合には相応の時間が必要

買い手・売り手の両企業とも別々の企業風土が存在し，双方の社員が，

これを乗り越えて相互に理解し合うことは簡単ではない。

　買い手企業は売り手企業に配慮をしつつ，新しい企業風土を創りあげる努力が必要で，それがないと相乗効果が生まれない。

② 　買収前に判明しなかった問題点が発覚する可能性

　M&Aの検討中に，売り手企業の財務・法務・人事・税務の状況等について調査が行われるが，その時点では判明しなかった負債や問題が買収後に発覚する可能性がある。

企業風土の違いは大変なんだろうね。未上場の会社が，上場会社に買われたら，社員も嬉しい部分もあるかもしれないけど，仕事の仕方とかは窮屈になることもあるんだろうね。

そうですね。歴史のある企業ほど長年培った企業風土を変えるのは簡単ではありませんね。

それから，財務内容とか負債，問題点は正直に申告しないといけないよね。

はい。デメリットも正確に情報開示して，買い手側から見てデメリットを超えるだけのメリットがあればいいということです。

ところで，売り手側はM&Aで事業承継は問題解決になるんだけど，売り手側のデメリットって何があるのかな？

はい。それでは売り手側のデメリットについて説明しましょう。

◆M&A 売り手側のデメリット

① 経営方針の変更

　M&A後は，従来の経営方針は承継されず，買い手企業の方針に変更される可能性がある。

② 従業員の雇用条件や労働条件の変更

会社を売却された社長にとっては，直接のデメリットはないと言っていいでしょう。

ただ，社長が手塩に掛けて育てた会社の従業員にはデメリットがある可能性があります。

経営方針の変更は仕方がないかもしれないね。でも，残ってくれる社員の扱いが悪くならないように，それから給料が下がったりしないようにお願いしたいものだね。

ところで，買い手はどこで見つけたらいいんだろう。

M&Aの仲介会社，銀行，M&Aや事業承継案件を取り扱っている税理士法人などに相談してください。M&Aの取扱件数，親身に対応してくれるかどうかということや，社長のお考えに沿って交渉してくれるかなどの観点で相談相手を選ばれるといいでしょう。

なお，一般に後継者がいない経営者は「最後には売るしかない」と言って，事業承継対策の検討をしない方も多いものです。

しかし，メリット・デメリットを検討する時間も必要ですので，後継者がいない方ほど，早くからご検討いただく必要があると考えてください。

了解。最後は売ればいいというほど簡単な問題でないことがよく
わかったよ。

M＆Aは，企業のお見合いのようなもの。
会社を買ってくれる人とそのタイミングが重要
です。

▷株主についての検討

Q19　事業承継後の株主構成の検討①

後継者が経営しやすい株主構成とはどんなものでしょうか？

Answer
■株主総会の特別決議を可決するためには３分の２の議決権が必要です。
　安定した経営のためには，**後継者単独**もしくは，**後継者に友好的な株主で３分の２の議決権を確保すること**が重要です。
■後継者が社長，社長夫人等から自社株を承継しても後継者の持株シェアが３分の２に満たない場合には，事業承継の前に，他の株主から自社株を買い集めることも検討してください。
■株主構成を考える場合に，**親族は必ずしも友好的な株主ではない**ことをご認識ください。

私はもともと自社株の過半数を持っていて，最近は妻や子供たちにも多少贈与しているんだ。

今後，私の持っている自社株を渡すのにあたって，後継者が経営しやすい株主構成ってどんなふうに考えたらいいか教えてくれるかな？

わかりました。株主構成を考える上で，次の３つの株主の権利を覚えてください。

■株主の基本的な権利

配当を受ける権利	‥‥会社の利益から配当を受ける権利
株主総会での**議決権**	‥‥株主総会で賛成、反対の意思を表明する権利 株数が多いほど、株主としての権利が強くなります。
残余財産の分配を受ける権利	‥‥会社を清算した場合に、株主が会社に残った財産の分配を受ける権利

ウチの会社は，今は配当していないし，会社を清算するなんて考えていないから，重要なのは株主総会の議決権だね。

後継者は自社株をたくさん持っていないといけないのはわかるんだけど，どれくらい持っていればいいのかな？

はい。株主総会は決める内容によって決議方法が異なっていて，可決するのに必要な議決権数も違います。

ちょっと細かくなりますが，株主総会決議の方法には，**普通決議**と**特別決議**，特殊決議があります。ここでは，普通決議と特別決議で各々決議できる内容を確認してみましょう。

【普通決議事項の例】

①自己株式の取得
②役員の選任・解任
③計算書類の承認
④資本金額の増加

【特別決議事項の例】

①定款の変更
②合併・会社分割・株式交換
③事業譲渡・解散
④資本金額の減少
⑤現物分配

実際に決議したことがないようなものもあるんだけど，ざっと見て普通決議ではあまり重要なことは決められないようだね。

はい，**重要なことは特別決議で決定する**ことになります。
ですので，後継者は特別決議を可決できる株数を持っていると，スムーズな会社経営が実現できます。

どれくらいの株数があればいいの？

株主総会の**特別決議に必要な議決権数は３分の２以上**で，株主総会の**普通決議に必要な議決権数は過半数**です。

◆株主総会の決議要件

そうか，私は過半数以上の自社株を持っていて，弟とその奥さんも自社株を持っているんだけど，兄弟は仲良くて，経営はうまくいっていたから株主構成のことは考えたことがなかったんだよ。
ただ，知り合いの会社では，自社株を次世代に渡したら親族なのに株主同士がうまくいかなくて経営がスムーズではなくなったらしいんだ。だから，この３分の２以上が重要なポイントなんだね。

そうです。
事業承継のタイミングで**後継者単独**，もしくは**後継者に友好的な株主の合計で３分の２以上**の株式を持つことを考えてください。
もし足りない可能性があれば，事業承継の前に，弟さんの家族から株式の買い取りを検討することも重要です。

うーん，弟とはうまくいっているし，大丈夫なんじゃないの？

社長と弟さんはうまくいっていたとしても，次の世代はいとこ同士になり，関係が疎遠になることもあります。
そういう場合には，後継者の経営方針に，いとこが反対しないとは言い切れません。

そうか。弟の長男は商社に勤めてて，海外勤務だって聞いているし，長女は結婚して専業主婦だったかな……。私ですらこんな感じであまりわかっていないから，いとこ同士で経営の話をするのは難しいかもしれないね。
もし自社株の買取りをするとしたら，子供の世代になる前に株式の買取り交渉はしないといけないのかな。

はい。親族といっても**必ずしも親族全員が後継者の味方ではない**ことをまず念頭に置いてください。
そして，自社株を買おうとしても，売らないと言われれば買い取れませんので，３分の２の議決権をどのように確保するのかの検討が必要です。

親族が味方ではないことがあるって，どういうこと？

これについては，親族を経営に関与している人とそうでない人に分けて考えます。

一般的に，経営に関与している親族はこれから後継者とともに会社を発展させようと考えているでしょうから，後継者の味方である可能性は高く，会社に対してマイナスになる要求は少ないでしょう。

しかし，経営に関与していない親族の場合には，会社の経営状況にかかわらず，もっと配当を増やしてほしいという要求をしてくることも考えられます。

今の若い人は先祖が興した会社を大事にするという考えがあるかどうかわからないから，世代が代わったらそんな可能性もあるね。

はい。社長の次の世代だけでなく，その次の世代……ずっと先のことを考えると何が起きるかわかりません。

ですから，まず後継者1名で3分の2の持株シェアを確保することを目指し，次に，それが不可能な場合には経営に関与する親族で3分の2を確保することをご検討ください。

なるほどね。でも，後継者の奥さんや子供は味方って考えていいんだよね。

一般的に，後継者の直系の親族（子供，孫など）と配偶者は味方と考えていいと思いますが，親子の仲が悪くなることもありますし，配偶者の場合には離婚することなどもあります。

実際に，親兄弟，配偶者で訴訟になっている例は山ほどありますので，絶対大丈夫とは思わないでください。

そうだよね。人生いろいろだよね。

いろいろな状況を想定して，できれば後継者に3分の2の株式を
集中することを検討してみるよ。

後継者単独，もしくは後継者の味方を含めて
3分の2以上の議決権を確保しましょう。

Q20 事業承継後の株主構成の検討②

どうしても子供たちには均等に自社株を分けたいのですが，その時の注意点を教えてください。

Answer

■経営に関与していない株主は，自社株よりも現金を相続したいと考える場合があります。

■自社株は社長のご親族の財産であると同時に，会社の重要事項を決める権利（議決権）があるので，スムーズな経営のためには，経営に関与する子供に自社株を集中することが重要です。

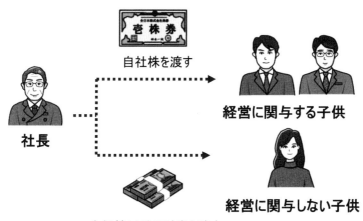

私は子供たちを公平に育ててきたから，会社の自社株も子供たちに均等に分けたいと思っているんだ。どうかな？

やはり**法定相続分**という考え方を意識されてお子さんに均等に渡すということでしょうか？

そうだね。それに先代から引き継いだ会社を子供たちみんなで守ってほしいんだよ。

なるほど，多くの経営者からそのようなお話をお聞きします。

ただし，そのお考えが経営上好ましいのかどうかを，考えてみましょう。

すでに**Q9**でご説明したとおり，自社株には，①**財産価値**と，②**支配権**（株主総会の議決権）としての価値があります。

①の財産価値を考えて，均等にお子さんにも渡したいという気持ちもわかりますが，そもそも会社経営に関与しない人が自社株をもらって喜ぶのでしょうか？

嬉しくないっていうの？　先代と私が築いた会社の株なのに？

もちろん，ケースバイケースですが，こんな事例があります。

経営に関与していない長女が自社株と少額の金融資産を相続しました。

相続した金融資産は少額なので，相続税を納めることができず，会社からの借入で相続税を納めることになってしまいました。

株式を取得した後は，配当を受けられればメリットもありますが，最初に相続税を納税していますので，それほどありがたみのあるものではありませんし，その会社は配当をしていないので，今のところメリットはないのです。

もちろん，父親の会社の株を継いだという思い入れを満たしている良さはあるかもしれませんが。

そうか，子供にとっては支払った相続税を配当で取り戻すような話になるのかな。配当がないと損になるということもあるんだね。

お金の話だけでいうと，そういうことになります。
次に支配権の問題です。これもQ19でご説明しましたが，会社の経営に関する重要事項は株主総会で決定しますので，後継者が100％の自社株を所有すれば，後継者は自分の思いどおりに会社を経営することができ，とてもスムーズな経営といえるでしょう。

そうだね。ひとりで決められるのは楽だよね。

ですから，逆に自社株をお子さんたちに分けるということは，お子さんたちみんなで話し合わなくてはならず，経営に関する決定のスピードが遅くなるかもしれません。

そうかなぁ，うちの子供たちは仲がいいから，兄弟仲良くやってくれるんじゃないかな。

経営についての考え方が兄弟同じとは限らないですし，まして経営に関与していない子供はどのような主張をするか予想がつきません。
そして，親が元気なうちは仲が良くても亡くなったらどうなるのかわかりませんよ。

あんまり考えたくないなぁ。

さらに問題があります。例えば，経営に関与しないご長女が自社株を取得した後に亡くなった場合，ご長女にお子さんがいなければ，ご長女の夫が相続する場合があります。
ここで重要なことは，**ご長女の夫は社長の血縁ではない**ということです。

うーん，長女の夫は中学校の先生だから，ウチの会社のことはわからないよね。
別に悪い人ではないけど，自社株が血縁者のものでなくなるのは，なんだか心配だな。

その後，後継者がその株式の買取交渉をする場合には，難しいこともあるかもしれません。

そうなるかどうかは，配偶者と子供たちの関係次第だと思うけど，そういうリスクを考えなくてはならないんだね。
子供のためになると思ったけど，災難の種を増やしてしまいそうだね。
自社株を子供たちに均等に渡せないのは残念だけど，経営を優先して子供への株式の分け方を考えてみることにするよ。

自社株を子供たちに均等に分けることは，災難の種を子供たちに渡すことになるかもしれません。

Q21 株式の分散～株主数の増加～

親族や従業員など株主がたくさんいます。後継者が経営する上で，
今後もそのままでいいのでしょうか？

Answer

■今後，次のような問題点が発生する可能性があり，株主構成の検討が必要
です。

1. 相続で自社株を取得した人が，会社にとって**好意的な存在とは限らない**。
2. 株主から**高額な価額で株式の買取りを求められる可能性**がある。
3. **持株シェアの低い株主にも，いろいろな権利がある**。例えば，決算書
   を見ることができる権利（帳簿閲覧権）を行使される可能性があり，軽
   視できない。

知り合いの会社には，たくさん親族や元従業員の株主がいるそう
なんだ。

先代が自社株を子供たちに均等に分けた結果，その子供たちも，
やはり均等に渡したほうがいいと思って，さらに子供たちに分け
始めているんだ。

今後も親族の株主はどんどん増えるんじゃないかな。

それから，従業員が頑張って業績が伸びたら配当で還元するとい
うことで，従業員にも株式を分けたらしいんだ。

従業員の大半は会社を辞めているんだけど，配当がいいから株を
手放さないようなんだ。従業員持株会のように，退職したら会社
に売らなくてはならないという規定がなかったらしいからね。

今後も株主が増えていく典型的なパターンですね。

もともと，日本の未上場会社は，社長が子供たちに株式を均等に渡したいと考えることが多いこと，相続対策目的で親族に自社株を分けたことと，従業員のモチベーションアップ目的で，配当というかたちで会社の利益を還元するために株を持たせたことで株式が分散したことが多く，同族会社なのに，株主が数十人いるケースもあります。

みんな考えることは同じなんだね。

◆相続対策での株式分散の背景

相続対策で株主が増えてしまう典型的な原因は，社長が持っている自社株を毎年110万円の非課税の範囲内で子や孫に贈与することです。たしかに，非課税枠の110万円以下で暦年贈与をすることは，相続対策の効果はあります。

しかし，相続対策目的に着目して，子や孫などの親族に自社株を贈与した結果，株主がどんどん増え，経営者から見ると株主総会で了解を得なければならない株主が増えてしまいます。

株主が増えると経営に関与する株主ばかりではなくなるので，会社にとって好ましくない人が株主になる可能性もありますし，会社のことなどまったく知らない株主がいるケースもあります。

株券を発行しているわけではないので，自社株を持っている認識さえないかもしれないね。

◆従業員のモチベーションアップを目的とした株主分散

従業員にとって，頑張って業績を伸ばしたら，配当がもらえるというのは，モチベーションアップの効果があることでしょう。しかし，従業員は，退職後，会社に何の貢献もできないのは当然で，配当をもらうことにのみ興味があることが普通です。

そうなると会社にとって，好意的な株主でいてくれるのかはわかりません。また従業員が亡くなって，子供が株式を相続した場合，親が働いていた会社の経営者に対し，その経営方針について理解があるとは考えないほうがよいでしょう。

なるほどね。そういう人たちは自社株を持っていて，どうするのかな？

例えば高額な価額で自社株の買取りを求めてくることがあります。もちろん，相続税の計算上は配当還元価額（**Q31**）という従来の額面のように低い価額で計算することが基本ですが，買取交渉では機械的に金額が決められるほど，簡単ではありません。

元従業員たちが仲間になって買取交渉に臨んできたり，最終的に折り合いがつかずに訴訟になったケースもあるくらいです。

それは厄介だね。元従業員は社長なら交渉ができるかもしれないけど，後継者には荷が重いね。

そういうことです。それから，別の問題もありますよ。
会社法では持株シェアが低い株主にも一定の権利が与えられています。重要なものを次の表にまとめました。

■株主の権利

持株シェア	株主の権利
1%以上	株主提案権
3%以上	株主総会招集権
	帳簿閲覧権
10%以上	解散請求権

この中には軽視してはいけないものがあります。

例えば，発行済株式総数の３％以上の株主には，帳簿閲覧権（会社法433条）があります。

これは簡単に言うと，**会社の決算書等を見ることができる権利**です。株式の買取交渉をしている株主は帳簿閲覧権を行使して会社の決算書を入手し，自分が雇った税理士に株価の算定をしてもらい，買取交渉に臨んでくることがあります。

それは面倒だね。買取交渉だけではなく，会社のいろいろな内容を見られるのは嫌だね。

対策方法はまた別途教えてもらうけど，知り合いの会社の株主数が多いことのリスクは認識したよ。

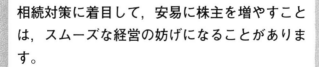

相続対策に着目して，安易に株主を増やすことは，スムーズな経営の妨げになることがあります。

Q22 名義株の問題

親族の所有ではないですが，親族名義の株式があります。このまま
で何か問題がありますか？

Answer
■**他人の名義を借りた株式**のことを「名義株」といいます。
■名前を借りた状態のままで相続が発生すると，「名義を借りた」という事
　実確認が難しくなり，相続した株主から権利を主張される可能性もありま
　す。
■名義株が存在する場合には，早期に正しい名義に変えることが今後のトラ
　ブル回避において重要です。

他人に名義を借りた株式である「名義株」についてご説明します。
なぜ，名義株が存在するのかというと，旧商法では株式会社を設
立するのに株主が7名必要だったために親族や知人の名義を借り，
そのままになっているケースが多いのです。
名義株は業歴のある会社によくみられるケースです。

実はウチの会社も，先代が私の叔父（先代の弟）に名義を借りた
株式があるんだよ。
叔父は，会社に出資したり親父の株式を買ったりした事実はない
けど，会社設立の時に名義を貸してくれたらしいんだ。これが，
まさにその名義株だよね。
特にどうしようとか考えていなかったけど，何が問題なんだい？

社長は先代から叔父さんが名義人である名義株の存在を聞かれていますが，将来の後継者はまだ名義株の事実を知らされていないので，今後，名義株であるという事実が確認できなくなることが問題なんです。

事実確認ができない……？　確かに「名義を借りました」という契約書なんてないけど，名義人は自分の株式だって権利を主張したりするの？

そうですね。本人というより，相続人とのトラブルが考えられます。

名義株を相続した人は親の代で名義株として取り決めたことを知らなくても仕方ありません。

したがって名義株が相続財産となり，相続人である株主は相続税を納税するために，その株式の買取りを要求してくることもあります。また株主の権利として議決権を行使する可能性もあります。

たしかに，相続人にその株式が名義株だと納得してもらうことは難しいかもしれないね。

だけど，買取請求されたら私にとっては理不尽な話だよね。親父が本当の株の所有者だということを立証する方法はないの？

実際に出資払込をした証明，名義貸与に関する覚書・念書等の有無，配当金の受領や議決権の行使を誰がしているかなどで，本当の株主が特定されます。

じゃあ，状況によっては，名義人の株になってしまう可能性があるんだね。

社長としても先代が決めた話なので大変だとは思いますが，後継者に負担をかけないように，早めの解決をお勧めします。
叔父さまも高齢になられると，なかなかこういうことのご理解が難しくなるかもしれないですしね。

株式の買取交渉やら株主総会で議決権を行使されるとか，大変な問題になるかもしれないんだね。
問題が起こる前に，名義株を整理することにするよ。

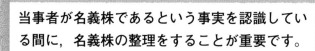

当事者が名義株であるという事実を認識している間に，名義株の整理をすることが重要です。

Q23　子供の配偶者への事業承継

娘婿に会社を渡そうと考えていますが，社長のイスだけでなく自社株まで渡してもよいのでしょうか？

Answer

■事業承継で重要なことは会社の存続を考えることです。

娘婿（親族の配偶者）に経営能力があり，後継者に適任であると判断して社長を任せたのであれば，自社株を渡すことを検討しても良いでしょう。ただし，娘婿に自社株を渡すと，**会社が創業家の血縁のものではなくなる**ことは重要なポイントです。

■検討すべきポイント

1．後継者選定

①　親族に会社を託したいという気持ちが優先し，娘婿の経営能力のチェックが甘くないか？

②　娘婿を社長にした後に経営能力がないと発覚しても，社長を交代させるのは難しいことを認識しているか？

2．株式の承継について

①　娘婿が自社株を取得するために，まとまった資金調達が必要なことがある。

②　娘婿に自社株を渡した時点で自社株は創業家のものではなくなる。

知り合いの社長の話なんだけど。ひとり娘は結婚していて，娘婿を常務にして後継者として育成しているようなんだ。ウチは次男を後継者にしようと考えているけど，長女の夫を後継者にするということもあるかもしれないし，娘婿を後継者にするケースの問題点について教えてくれるかな。

まず娘婿が後継者にふさわしいかということですが，社長は何を基準に考えますか？

それは，当然，経営能力があるかどうかだね。

はい，おわかりのように，娘婿であっても，経営能力の有無が一番重要です。ただ，親族に会社を託したい気持ちが優先し，娘婿が後継者として適任かどうかのチェックが甘くなっているとしたら問題です。

うーん，そうなってみないとわからないけど，完全に否定はできないね。

血縁関係はなくても，親の欲目のようなこととか，娘可愛さにという気持ちがあっても，不思議ではないと思います。

でも，私が娘婿を鍛えるということならいいんじゃないの？

実の息子でも娘婿でも後継者育成は必要です。ただ，娘婿が経営者としての資質がなかったり，また経営に熱心ではなく，ゴルフ三昧の生活をしても，社長から降格させるのは簡単ではありません。

そうだよなぁ。極端な話だけどクビにしても，娘婿であることには変わらないからね。

でも，それって実の息子の場合でも同じじゃないの？

たしかにそうです。ただ，ご子息は社長の経営者としてのご苦労や生き様を子供の頃から見ていらっしゃるので，将来，経営者になる予想をして，それなりの覚悟がおありだと思います。娘婿も社長になる場合には，相応の覚悟はされると思いますが，経営者としての親の背中を見て育った実の息子とは覚悟が違う場合も多いのではないでしょうか。

子供たちはウチの業績がいい時も，悪い時もなんとなく感じていただろうし，従業員たちにも接してきているからね。

娘婿の後継者としての経営能力の見極めと育成が重要だということだね。

はい，そうです。

能力のない経営者にバトンタッチすることは，会社存続の危機であり，従業員や取引先にとっても大変不幸なことです。

そして娘婿に社長のイスだけでなく，自社株も渡そうと考えた場合には別の問題もあります。それは，娘婿が株式を取得するためには，買取資金などが必要だということです。

役員だからちょっと給料は上げたらしいんだけど，自社株を買い取る資金はないから，借りたりしなきゃならないね。

はい。事業承継税制の納税猶予制度（**Q50～Q54**）の利用もご検討可能ですが，いずれにしても，何らかの準備が必要なことは間違いありません。

それから，娘婿に株式を渡すことについては，また別の問題もあります。

それは，娘婿が株式を取得した後に，離婚する可能性もあるということです。

たしかにね。今は簡単に離婚するからなぁ。そうなると，会社にいてもギクシャクするね。

娘が社長夫人じゃなくなって，社員もどう対応したらいいのか困るんだろうね。

はい。その時の人間関係は予想がつきませんが，離婚された時点で自社株が創業家の血縁者のものではなくなります。娘婿の持株シェアが高ければ，会社は他人のものになったと考えることが重要です。

そうなった時に自社株を買い取るのは大変そうだね。ただ，マイナス面もあるけど，うまくいっているケースもあるんだよね。

はい。いろいろとデメリットの面もお話ししましたが，娘婿が経営者として成長し，会社を担ってくれるのであれば，みんなにとって幸せなことです。

娘婿（親族の配偶者）に会社を託したい気持ち
だけで，後継者に選んではいけません。
経営能力の有無を冷静に見極めましょう。

Q24 安定株主対策

今後の株主構成を考える際に，安定株主を検討したほうが良いと言われました。
安定株主はなぜ必要なんでしょうか？

Answer

■安定株主とは

安定株主とは株式を長期安定保有し，株主総会において，経営者と同じ方向の意思決定をしてくれる株主です。

未上場企業の場合には，**従業員持株会**や**中小企業投資育成株式会社**が安定株主として位置づけられます。

■安定株主導入の目的

社長が100％の自社株を所有していると，会社を支配するという観点では万全ですが，後継者が自社株を手にするための資金の負担は大きいものです。

しかし，この資金負担を減らすために社長の持株シェアを減らすと，支配権が弱くなってしまいます。

安定株主の導入により，社長は**支配権を維持しつつ相続税負担の減少を図る**ことができます。

安定株主っていうのは上場企業の資本政策の話だと思っていたけど，ウチみたいな中小企業にも関係があるんだろうか。

ありますよ。未上場企業の場合には，社長が自社株の大半を所有していることが多いので，社長が交代するたびに，まとまった自社株を次の世代に渡す必要がありますよね？

そうだね。100%を持っている社長も多いし，やっぱり株式を保有し続けていないと何も言えなくなっちゃうからね。これが上場企業と違うところだよね。

はい。社長が会社の重要事項を決められるのは，自社株を持っているからこそです。

ところで，社長の持株シェアが高いことは会社の支配権を確保している点では好ましいことですが，一方で，次世代が自社株を手にする時の資金負担が大きいという問題もあります。

株式を買い取るのであれば株式の買取資金が必要ですし，相続や贈与で取得するのであれば，相続税や贈与税の納税資金が必要です。

株価が高い時は大変だね。

そうです。ですから，社長の持株が100%である場合と，社長の持株が70%で安定株主が30%を所有する場合を比較すると，後者は後継者の資金負担が30%分減少します。

■後継者が取得する自社株のシェアが100%の場合

■後継者が取得する自社株のシェアが70%の場合

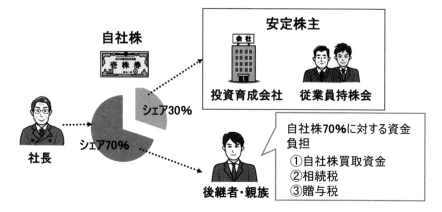

 会社がこれから何代も続くと考えたら，その資金負担って大変だよね。

「相続が三代続くと財産がなくなる」っていう話もあるしね。

 はい。ですから，社長の持株シェアを減らしつつ，減った分は社長の味方になってくれる人に自社株を持ってもらうことを考えるといいでしょう。

 それが安定株主なの？

だけど，誰でもいいわけじゃないし，私の味方になってくれる株主って誰なの？

 お金は出すけど，経営方針にあまり文句を言わない株主のことです。

そんなに都合のいい人がいるかな？ 慈善事業じゃないんだし。

 たしかに，以前は取引先や顧問税理士，弁護士を安定株主とするケースもありましたが，個人の場合には相続が発生し，相続人が株主として味方になってくれるのかどうかわかりませんので，あまりお勧めできません。

 なるほどね。確かにウチの顧問税理士は古くからの付き合いだから私よりも少し年上なんだよね。税理士のお子さんは普通の会社員だから，安定株主とは言えないかもね。
じゃあ，誰がいいのかな？

 従業員持株会や**中小企業投資育成会社**を安定株主とされる企業があります。

◆従業員持株会について

 従業員持株会はもともと，従業員のモチベーションアップのために導入するもので，「会社が儲かったら株式の持分に応じて利益を配当するので，みんなでがんばりましょう！」ということが基本的なスタンスです。
ですから，従業員は，配当をもらえる期待をして頑張りますが，株式を持ったことにより，議決権を行使して何かを会社に要求することはあまり考えられません。

でも，ほんとに謀反（むほん）を起こす心配はないのかな？

 従業員の議決権行使は，従業員持株会の代表が行使することになりますので，心配する必要はないのですが，ご不安であれば，株式の発行方法で工夫をするといいでしょう。

会社法では権利の内容が異なる株式を発行することが認められていますので，従業員持株会の株式は，**配当**については，他の株主よりも**優先**とし，議決権はない**無議決権**という株式を発行するということです。

【従業員持株会へ発行する配当優先無議決権株式のイメージ】

 配当を優先してもらえるけど，議決権はなしか。それで**配当優先無議決権株式**ということになるんだね。

 はい，配当が欲しいという従業員の希望をかなえ，会社としては，従業員が権利を行使するリスクを回避することができるという点で「配当優先無議決権株式」は有効です。

 なるほどね。これだったら頑張って働いた従業員に配当を渡せるし，その一方で後継者は支配権を持って安心して経営ができるね。

はい，そういうことです。

了解。だけどウチの会社の株式は評価が高いから，従業員では何株も買えないんじゃないの？

従業員が株式を取得する場合には，一般的にはシェアが低いので，適用される株価の計算方法は**配当還元価額**（Q31）で，従業員も買える安い値段になるのが通常です。

そうか，創業家の関係者が買う値段と違って安いんだね。

はい。なお，従業員持株会は，本来従業員の福利厚生のためのものですので，事業承継対策目的ではなく，従業員にメリットのある制度をご検討ください。
また，当然ですが，会社としては従業員に対する配当負担が生じますので，長期的な展望でのご検討が必要です。

◆中小企業投資育成株式会社について

次に，中小企業投資育成株式会社ですが，これは，中小企業の自己資本充実と健全な成長発展を図る目的で中小企業投資育成株式会社法（昭和38年6月10日法律101号）に基づいて設立された会社です。
具体的には，未上場企業の長期安定株主として健全な成長発展を支援する会社です。

■投資育成制度の仕組み

出所：東京中小企業投資育成㈱website（https://www.sbic.co.jp/about/）
　〔2024年5月15日確認〕

◆中小企業投資育成会社活用のメリット・デメリット

 中小企業投資育成会社の出資に際しては，原則として6～10％の配当（利回り）など，一定の条件があります。

　そして，出資を得られると，中小企業投資育成会社は安定株主として株式を将来にわたって所有し，30年以上も安定株主として存在しているケースもあるようです。

 ずっと，自社株を持ってくれるのはありがたいんだけど，デメリットはないの？

 はい。お気をつけいただきたいのは，中小企業投資育成会社もあくまでも第三者の株主であり，株主としての権利は保有しているということです。

　ですから株主総会で全く口を出さないとは思わないでください。

 なるほど。中小企業投資育成会社に相談に行ってみたほうがよさそうだね。

現在は，東京，大阪，名古屋にそれぞれ中小企業投資育成会社が
ありますので，詳細はお問い合わせください。

いずれにしましても，長期的に株主構成を考える上で，従業員持
株会，中小企業投資育成会社等の安定株主について，ぜひご検討
ください。

> 安定株主の導入で，経営の安定化が図れるとと
> もに，後継者が自社株を手に入れる資金負担の
> 軽減になります。

第 III 章

専門家と一緒に考えること

「どのように」について考える

▷相談相手についての検討

Q25 事業承継は誰に相談したらうまくいくのでしょうか？

事業承継対策を検討する上で欠かせない相談相手はどういった方々
でしょうか？　また，その方々を選ぶポイントは何でしょうか？

Answer

■税理士，コンサルタント，弁護士，銀行などが必要な相談相手と考えられ
　ます。
　ただし，事業承継対策で検討すべき項目は多岐にわたるので，各々の専門
　分野に関する事項を依頼する必要があります。

■選択において大切なことは「自分の利益のために提案しているのではなく，
　社長の利益を最優先していること」，また「社長の想い」を理解してそれ
　を実現しようとしてくれる人であるかということです。

事業承継対策を進める上で，誰にお願いしますか？

それはやはり税理士だよね。

もちろん，税理士は事業承継対策において重要な役割を果たしま
す。

ただ，事業承継で検討すべきことは，いろいろありますので，税
理士だけでは十分ではないこともあります。次のとおり表に整理
しましたのでご覧ください。

	役割	選択のポイント
税理士	■事業承継に関する税務のアドバイス ・事業承継対策スキームの立案 ・税務リスクの検証	・資産税（相続税・贈与税）分野に強い ・事業承継案件の経験が豊富 ・節税対策を売りにしていない ・事業承継対策をすることに嫌悪感がない
コンサルタント	■経営全般を見渡したアドバイス ・税務に偏らず，経営方針や業務計画に沿った事業承継対策方法の立案 ・**親族間の意見調整** ・事業承継対策実行に必要な税理士，弁護士，銀行，不動産業者，保険会社などのコーディネイト	・もともとのバックグラウンド（元銀行員・中小企業診断士・ファイナンシャルプランナーetc)を確認 ・正確な情報をもたらしてくれる ・**第三者として，関係者の調整に長けている** ・特定の金融機関とだけ提携してそこの金融商品の斡旋に熱心でない
弁護士	■事業承継に関する法律のアドバイス ・事業承継対策方法において会社法，民法にかかる法務リスクの検証	・会社法，民法に強い ・事業承継案件の経験が豊富 ・税務知識があるとベター
銀行	■事業承継対策実行時の金融商品とサービス提供 ・後継者の自社株買取資金の融資 ・事業承継対策実行時，銀行のグループ企業で商品の提供（保険・不動産・リース会社紹介） ・M＆A案件のサポート	・銀行のビジネス優先の提案をしない

なるほど。相談する人がたくさんいるね。

◆税理士の役割

まず，税理士の役割は，事業承継に関する税務のアドバイスです。ですから選択のポイントとしては，相続税や贈与税などの資産税という分野に強く，事業承継案件の経験が豊富であることが重要

なことは当然です。

ただ，節税対策を売りにして，「これが究極の事業承継対策！」「税金ゼロで事業承継ができる」などと言っている人は避けたほうがいいでしょう。

そうだよね。税理士を信頼したのに，あとで税務署からお咎めがあるのは勘弁してほしいよ。

ただ，事業承継対策をすることに嫌悪感がないっていうのは何？

これは，ともかく保守的であって，税金をたくさん払うことが美徳だと考えている税理士を選択しないということです。

もちろん，脱税はいけませんが，法律の範囲内での対策で，結果的に税金の負担が小さくなることは，問題ありません。これは会社も後継者も助かることですので，合法的な方法まで否定する税理士は行き過ぎということです。

「何もしないのが安全」では困るね。もしかしたら事業承継対策に詳しくないからかもしれないね。

◆コンサルタントの役割

次は，私のような事業承継対策のコンサルタントです。

コンサルタントは，経営全般を見渡してアドバイスをする役割を担います。

税務に偏らず，会社の経営方針や事業計画も十分考慮して事業承継対策をご提案し，時には**親族間の意見調整**の役割も担います。

親族同士での話し合いは難しいことが多いので，第三者が入る方

がスムーズな場合があります。

その時に，親族間の調整に慣れたコンサルタントがいれば，とても役に立ちます。

また，コンサルタントには，事業承継対策の実行に必要な税理士・弁護士・銀行・不動産業者・保険会社などのコーディネートを期待してください。

事業承継のコンサルタントってどんな人が多いのかな？

コンサルタントのバックグラウンドはさまざまで，元銀行員，中小企業診断士，ファイナンシャルプランナーなどの場合があります。

また，事業承継に特化していない経営コンサルタントが，事業承継対策に対応しているケースもあります。

バックグラウンドが違うってことは，専門分野が違うんだよね。

そうです。ですから，まず，何の分野に強いのか，正確な情報をもたらしてくれるのかを確認してください。

そして，特定の金融機関とだけ提携して，事業承継対策の提案において，その会社の金融商品等を斡旋するのに一生懸命な人は避けてください。

自分の利益のために，事業承継提案をしてくる人たちのことだね。そういう人には，気をつけるようにするよ。

◆弁護士の役割

 事業承継対策の方法によっては，会社法や民法の分野で法務リスクについて弁護士の検証が必要になる場合があります。

弁護士もいろいろな専門分野がありますので，会社法と民法に強く，事業承継対策案件の経験が豊富な方が好ましいでしょう。それから，税務知識についても詳しければ，なお，良いです。

◆銀行の役割

 事業承継対策を実行する場合には，銀行の金融商品やサービスを利用することが多いものです。

 後継者が自社株を買う時の融資のことかな。

 はい，それが一番大きいものですね。それから，株価対策のために不動産やリースを活用する場合があります。

銀行には銀行グループ企業に不動産会社があり，また親密なリース会社があることが多いので，それらの会社を紹介してもらうことができます。

 なるほどね。
自分で探さなくてもすむのは，いいね。

そして，事業承継を検討していく中で，M&Aという結論になった場合には，銀行のM&Aのセクションに依頼することもできます。

銀行の役割は，お金を借りるばかりじゃないんだね。

はい。ただ，銀行のビジネス優先で提案がなされることもありますので，そういうところはお付き合いを避けたほうが無難です。

融資がしたくて，早く自社株を売れみたいな話だね。わかった。

とにかく，一生に一度のことですから，相談相手の選択には今までご説明したポイントにご留意され，じっくりと時間をかけてください。
そして，信頼できないと思った場合には，遠慮なく他の人を探してください。

他にも銀行に頼むことがあるよね。

はい。株価対策のような事業承継対策を行うことは，会社の財務内容に影響があります。また，会社をいつ後継者にバトンタッチするのかということも，安定した経営の実現には重要な要素です。銀行は，会社の経営状態を把握しているので，中長期的な事業計

画に照らして，これらの影響を検証することが可能です。

可能ということは，期待していいということだね。じゃあ，事業承継対策の検討の際に銀行にも相談してみるよ。

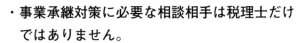

・事業承継対策に必要な相談相手は税理士だけではありません。
・各々の専門家に役割分担を期待しましょう。

Q26 事業承継対策の検討における税理士の選択

顧問税理士が事業承継対策のアドバイスをくれません。どうしたら
よいのでしょうか？

Answer
- ■税理士には各々専門分野があり，**すべての税理士が事業承継対策の専門家ではありません。**
- ■事業承継に詳しく，経験豊富な専門の税理士と契約することは一生に一度の事業承継を成功するために有効だと考えられます。
- ■長年，会社の顧問をされてきた税理士には，法人税の申告など，今までどおりの業務を続けていただきながら，事業承継対策に詳しい税理士と連携をお願いすることが重要です。

事業承継のセミナーに行った後とかに，気になることをウチの顧問税理士に相談することがあるんだ。

でも，ぼんやりとした答えしか返ってこないんだよ。社長が長生きすることが事業承継対策だとか，いざとなったら会社には相続税の納税資金があるから心配ないですって言われるだけでさ……。とても，不安なんだけど，どう考えたらいいんだろうか。

顧問税理士さんは法人税の申告がご専門であって，事業承継対策については詳しくないのかもしれませんね。

えっ，だけどベテランの税理士だよ。事業承継対策に詳しくないなんてことあるの？　いろんな税理士が事業承継のセミナーをやっているのに？

ではデータに基づいたご説明をしましょう。

令和４年分の**相続税の申告書の提出にかかる被相続人の数は約15万人です**^{（※１）}が，これに対して，令和６年４月末現在の**税理士の登録件数は約８万１千人です**^{（※２）}。

つまり，単純計算だと１人の税理士が１年間で２件弱程度の相続税申告をすれば足りる件数であり，１年に一度も相続税の申告をしない税理士もいる可能性があるということになります。

事業承継対策＝相続対策ではありませんが，相続の分野の経験がない方には，事業承継対策の検討は難しいと考えてください。

出所：（※１）国税庁website（https://www.nta.go.jp/information/release/kokuzeicho/2023/sozoku_shinkoku/pdf/sozoku_shinkoku.pdf）［2024年５月15日確認］
（※２）日本税理士会連合会website（https://www.nichizeiren.or.jp/cpta/about/enrollment/）［2024年５月15日確認］

なるほどね。ただ，ウチの顧問税理士には先代の頃からお世話になっているから，他の税理士と契約するという話をしたら怒られないかな。

きちんと話をしないで，他の税理士に依頼されたら，ご気分を害される可能性はあります。でも社長，よく考えてください。

知識と経験がない税理士さんに，会社の将来に関わる事業承継対策を任せるおつもりですか？

税理士といっても，業務は幅広いので，各々専門分野が違います。医者の場合で考えたら，風邪をひいて，外科にはかからないですよね。症状によって他の病院を紹介してもらうこともありますよね。顧問税理士は，日頃のかかりつけ医で，事業承継のコンサルをしてもらう税理士は外科などの専門医だと考えたらどうでしょ

うか？

そうか，それは合理的な考え方だね。会社の将来のためと思ったら気兼ねしている場合じゃないし，ウチの先生も実は事業承継のことは重荷に感じているかもしれないね。

そのようにお考えになったほうがいいでしょう。先生ご自身から「詳しくない」とは，なかなか言い出しにくいでしょうから。

でも，どうやって進めたらいいんだろう。

事業承継対策に詳しい税理士はあくまでも事業承継対策のみのスポットの契約であって，顧問税理士を変えるのではないことを明確にすることが大切です。
顧問税理士には，今までの法人税の申告業務を続けていただきながら，事業承継対策に詳しい税理士との連携をお願いしましょう。長年顧問をされていた税理士は会社の決算上の過去の出来事について重要な事項をたくさんご存知であり，それは事業承継対策の検討には非常に有益な情報です。

「餅は餅屋」ということだね。

そして，事業承継対策に詳しい税理士には，社長との面談内容や対策方法を必ず顧問税理士に説明してもらうことを徹底すれば，

税理士同士はスムーズな良い関係になるでしょう。

なるほど。
こういうことは実際によくあることなのかな？

はい，よくありますのでご心配なく。

それを聞いて，ちょっと安心したよ。

何よりも会社の将来のために良いパートナーを見つけて最善を尽くしましょう。

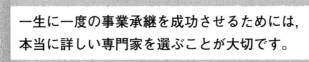
一生に一度の事業承継を成功させるためには，本当に詳しい専門家を選ぶことが大切です。

Q27　セカンドオピニオンの重要性

銀行や顧問税理士から提案を受けた事業承継対策の方法がしっくりこないんですが，他の専門家に相談してもよいものでしょうか？

Answer
■事業承継対策の方法は１つではありません。
納得するまで，他の専門家からのセカンドオピニオンを取得されることをお勧めします。

銀行やセミナーで会った税理士から事業承継の提案を受けているんだけど，どうもその人たちの提案内容がしっくりこないんだよね。まずは後継者を育てることに力を入れるべきだと思うんだけど，なんだか自社株の税金の話ばっかりだったりするし，対策の方法が会社の事業方針と合わなかったり，やたらと結論を急いでいて，検討のスピード感も違う感じなんだよ。

そうですね。後継者が育っていないのに，株価が安いから今すぐに全部後継者に渡しましょうとか，株価を下げるためにやたらと不動産をすすめたりする人たちがいますね。

そう，そういう感じだよ。

事業承継対策は今後，事業が発展するための後継者の選定や育成，後継者を支える役員や株主をどうするのかということが重要な

テーマです。

ただ，その一方で，事業承継にかかる資金負担を抑えることは後継者にとってもメリットがあり，その対策に力が入りすぎる人たちもいるので，社長の場合には，その点がしっくりこないのかもしれませんね。

そうなのかもしれないね。でも，いくら対策になるからと言って，不必要な不動産を買うのは間違いじゃないかな。

やっぱり後継者を一人前にして，その後も会社が発展するための形を整えて，引き継ぎたいから，それを実現するためだったら多少税金の額が大きくても仕方がないと考えているんだけどな。

そうですか。それでしたら，他の専門家からのセカンドオピニオンを取得されることをお勧めします。

ふ〜ん，セカンドオピニオンか？　病気の時の話みたいだね。

そのとおりです。社長は病気になった時に，お医者さんの判断が信じられない場合には，他のお医者さんのところに行くと考えませんか？　これは，事業承継対策についても同様です。

事業承継対策の方法は1つではありませんから，提案がなんとなくしっくりこない気持ちを引きずったまま検討を続けるのではなく，他の専門家から提案を受け，納得のいくまで検討されてはいかがでしょうか。

そうだよね。節税とか自社株を渡すテクニックの話じゃなくて，私の会社のことを私がどうしたいのかが優先するよね。

そのとおりです。それから，提案される方と社長との相性というのも重要で，この人には自分の会社の事業承継対策を任せたくないと感じられたら別の方を探してください。

まあ，人間だから相性はあるよね。じゃあ，どうやって探したらいいのかな？

現在，取引している金融機関から税理士の紹介を受けること，提案を受けている銀行以外の取引金融機関から提案を受けること，そしていろいろなセミナーに参加されることをお勧めします。
特にセミナーでは，税理士や銀行の事業承継対策に対するスタンスがわかることが多いですし，また，その講師である税理士や銀行員の人柄を垣間見ることができるので，社長との相性についても判断材料を見つけることができるでしょう。

なるほど。
たしかにセミナーの広告だけみても，特徴がみえることがあるよね。節税をメインにしたセミナーには行かないようにしてるんだよ。

なお，社長もご検討を続けていると，当初とお考えが変化することがありますので，どのような提案がベストであるかということは，わかりません。

なかなかいい提案にたどり着くのは大変そうだね。

はい，簡単ではないと思います。

セカンドオピニオンにとどまらず，サードオピニオンなど，納得のいく対策方法にたどり着くまで時間を掛けてください。

納得のいく事業承継対策方法にたどり着くまでいろいろな人の提案を聞きましょう。

▷渡すもの（自社株）の価値の把握

Q28　株価が高いことの問題点

あなたの会社の株価は高いので大変だと言われました。株価が高いと何が大変なのでしょうか？

Answer

■後継者が社長から自社株を引き継ぐ方法は，相続で受け取る，贈与で受け取る，譲渡（後継者が買うこと）のいずれかです。**株価が高い場合には，後継者は相続税，贈与税，株式の買取資金などの資金負担が大きくなるの**で，株価が高いと大変だということです。

次の手順に沿って，現状認識と対策の方向性を検討しましょう。

①　株価がいくらするのか？　その算定を税理士に依頼

②　株式の買取資金，相続税・贈与税について後継者の資金負担がどれくらいなのかを確認

③　株価対策，後継者の資金調達の必要性を検討

事業承継のセミナーに出席したら，株価が高い会社は株価対策をしないと大変だって言っていたよ。株価対策って，株価を上げることだと思っていたけど違うんだね。

頑張って利益を上げたら株価が高くなって，なんかそれが悪いっ

て言われているみたいで理解できないな。

会社は本来利益を上げるために活動をしていますので，会社の業績が良く，株価が高いことは大変喜ばしいことです。

社長がおっしゃるように，上場企業の場合の株価対策というのは，株価を上げることです。

つまり，会社が儲かっていて株価が高いのはいいことなんだよね。じゃあ何が大変なの？

会社を後継者にバトンタッチする場合には，後継者は自社株を引き継ぐ必要があります。

後継者は自社株を買うための資金や相続・贈与で株式を受け取る時の相続税，贈与税などの納税資金を負担する必要があって，株価が高い場合には自己資金では対応ができないこともあります。それが，株価が高くて大変だということなんです。

なるほど。上場企業の社長は辞める時に後継者に直接自社株を渡すわけではないものね。

それでは株価について現状認識をするステップを解説します。

まず，税理士に，会社の株価がいくらなのかを確認してください。そして次に，その株価で後継者が負担する，自社株の買取資金や，相続や贈与で受け取る時の納税額がいくらになるかを確認してください。

自社株の値段がわかれば買取資金の額はわかるけど，相続税や贈与税の額はまた別に計算しなければわからないね。

それも税理士に計算してもらってもいいですし，また，相続税の早見表と贈与税の速算表を使えば，大まかな金額は把握できます（⇨相続税の早見表と贈与税の速算表は150〜151頁をご参照ください）。

ただ，最終段階では正確な数値が必要ですので，税理士に計算してもらってください。
早見表と速算表だね。これなら簡単そうだ。

はい。株価がわかったら次に考えるのは後継者の資金負担の問題ですが，御社は株価が高いとすると，後継者が個人の自己資金で自社株を買い取ることは難しいと思われます。
そうなると，その資金調達方法を検討する必要が生じます。

資金調達だから，銀行に相談するということだろうね。

はい，銀行か自社から調達するということになるでしょう。
ただ，その高い株価のままで株式を買い取る方法だけではなく，どのような状況になれば，株価が下がるのかということも検討して後継者の負担を軽くすることを考えても良いでしょう。

それが，未上場企業の株価対策というものだね。株価を下げることが株価対策だって意味がわかったよ。ただ，株価対策は，自分では考えられないね。

はい，株価というのは御社の今後の業績の良し悪しや，日経平均株価の変動によっても変化しますので株価対策のことを考えるのは簡単ではありません。そういうことは専門家に依頼すればいいのです。

そうか，じゃあ，そこは専門家に相談しよう。

はい。ただ，株価を下げる対策は後継者に自社株を渡す際に検討することです。
会社の重要な目的は利益を上げることですので，業績を伸ばすことは忘れないでください。

そうだね。もちろん会社はこれからも発展させていくつもりだけど，それと同時に株価の問題も考えることにするよ。

そうですね。できれば毎年税理士に株価を算定してもらって，その時々で後継者の資金調達方法や株価対策の方法を検討することをお勧めします。

業績が良く，株価が高いことは会社にとって本来喜ばしいことですが，自社株を渡す時に，後継者には資金負担があります。

■相続税早見表

（相続税額の単位：万円）

財産額	■配偶者がいる場合				■配偶者がいない場合			
	子供の数				子供の数			
	子供1人	子供2人	子供3人	子供4人	子供1人	子供2人	子供3人	子供4人
5千万円	40	10	0	0	160	80	20	0
1億円	385	315	263	225	1,220	770	630	490
1億5千万円	920	748	665	588	2,860	1,840	1,440	1,240
2億円	1,670	1,350	1,218	1,125	4,860	3,340	2,460	2,120
2億5千万円	2,460	1,985	1,800	1,688	6,930	4,920	3,960	3,120
3億円	3,460	2,860	2,540	2,350	9,180	6,920	5,460	4,580
3億5千万円	4,460	3,735	3,290	3,100	11,500	8,920	6,980	6,080
4億円	5,460	4,610	4,155	3,850	14,000	10,920	8,980	7,580
4億5千万円	6,480	5,493	5,030	4,600	16,500	12,960	10,980	9,080
5億円	7,605	6,555	5,963	5,500	19,000	15,210	12,980	11,040
5億5千万円	8,730	7,618	6,900	6,438	21,500	17,460	14,980	13,040
6億円	9,855	8,680	7,838	7,375	24,000	19,710	16,980	15,040
6億5千万円	11,000	9,745	8,775	8,313	26,570	22,000	18,990	17,040
7億円	12,250	10,870	9,885	9,300	29,320	24,500	21,240	19,040
7億5千万円	13,500	11,995	11,010	10,300	32,070	27,000	23,490	21,040
8億円	14,750	13,120	12,135	11,300	34,820	29,500	25,740	23,040
8億5千万円	16,000	14,248	13,260	12,300	37,570	32,000	27,990	25,040
9億円	17,250	15,435	14,385	13,400	40,320	34,500	30,240	27,270
9億5千万円	18,500	16,623	15,510	14,525	43,070	37,000	32,500	29,520
10億円	19,750	17,810	16,635	15,650	45,820	39,500	35,000	31,770
15億円	32,895	30,315	28,500	27,200	73,320	65,790	60,000	55,500
20億円	46,645	43,440	41,183	39,500	100,820	93,290	85,760	80,500
30億円	74,145	70,380	67,433	65,175	155,820	148,290	140,760	133,230

★配偶者は1/2の財産を取得

＜使い方＞

・相続財産の額と，相続人に配偶者がいる場合といない場合に分け，各々相続人の子供の数を当てはめて，相続税の額を確認します。

・例えば，相続財産の額が5億5千万円で法定相続人が配偶者と子供3人の場合には，相続税額は，6,900万円になります。

子供3人は，相続した財産に応じ，3人で6,900万円を納税します。

なお，この場合には，配偶者が相続財産額の1／2を相続して，配偶者の税額軽減措置を受けることを前提としています。

■贈与税の速算表

【一般贈与】

贈与財産の額－基礎控除（110万円）	税率	控除額
200万円以下	10%	***
300万円以下	15%	10万円
400万円以下	20%	25万円
600万円以下	30%	65万円
1,000万円以下	40%	125万円
1,500万円以下	45%	175万円
3,000万円以下	50%	250万円
3,000万円超	55%	400万円

【特例贈与】20歳以上の者が直系尊属から受ける贈与

贈与財産の額－基礎控除（110万円）	税率	控除額
200万円以下	10%	***
400万円以下	15%	10万円
600万円以下	20%	30万円
1,000万円以下	30%	90万円
1,500万円以下	40%	190万円
3,000万円以下	45%	265万円
4,500万円以下	50%	415万円
4,500万円超	55%	640万円

＜使い方＞

・贈与税の計算式は，下記のとおり。

> 贈与税額＝｛贈与財産の額－基礎控除（110万円）｝×税率－控除額

・一般贈与の例：叔母から1,000万円の贈与を受けた場合
　1,000万円－110万円＝890万円なので，1,000万円以下の**40%**－125万円を選択。
　890万円×40%－125万円＝231万円となる。
・特例贈与の例：20歳以上の者が，父親から1,000万円の贈与を受けた場合
　1,000万円－110万円＝890万円なので，1,000万円以下の**30%**－90万円を選択。
　890万円×30%－90万円＝177万円となる。

Q29 株価の計算方法を簡単に教えてください① 〜類似業種比準価額方式〜

儲かっていて，配当をしている会社は株価が高いって本当ですか？

★株価算定の方法は３つあります。**Q29〜Q31**で順番に説明をします。
Answer
■類似業種比準価額方式とは，未上場の会社の株価を算定する方法のひとつ
です。
　具体的には自社と**業種が同じような**（類似）上場企業と，自社の配当・利
益・簿価純資産の数値を**比較**して（比準）計算します。
　同業他社比較株価と言い換えるとわかりやすいかもしれません。

 類似業種比準価額って，難しい響きだね。どんな計算式なのかな。

 はい。未上場企業には上場企業のような株価がないので，同じよ
うな業種の上場企業と比較して，株価はいくらになるのかという
ことを計算する方法です。

 そうか，「**類似業種**」を「同業」，「**比準**」を「比べる」にことば
を置き換えたら，私の会社の株価を「同業他社と比べた時の株
価」ということがわかるね。同業他社比較株価と覚えることにす
るよ。
　でも計算式を眺めても難しそうだね。よくわからないので解説し
てもらえるかな？

■類似業種比準価額の計算式

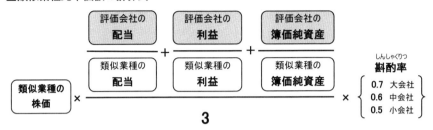

☞ 上記、配当・利益・純資産は、すべて1株当たりで計算した数値です

◆配当・利益・簿価純資産の項目

この計算式全体を見るとわかりにくいので，計算式の一部を切り出して見てみましょう。

まず計算式の分子を見てください。**評価会社**の配当・利益・簿価純資産とは**御社**の数値です。

次に計算式の分母を見てください。これは**御社と同業**の上場会社の配当・利益・簿価純資産の数値です。分母も分子も同じ項目ですね。

■類似業種比準価額方式の計算式の一部

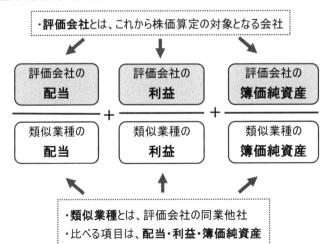

そうだね。分子がウチの会社の数値だね。ウチの会社の配当と利益と簿価純資産が大きければ株価が高いってことでいいのかな？

そうです。計算式を分解してみると意外と簡単ですよね。**配当を出す，利益を上げる，純資産が増える**ということは，企業が目指していることですが，その状態は**株価が高い**ということです。

だから，儲かっている会社は株価が高いってことだね。じゃあ，配当をしなかったり，利益が減ったりすると株価が下がるってことだよね。

はい。利益が減り，その結果配当をしない場合には，株価が下落する要因となります。

そうか，以前，役員に退職金などを支払って利益が減ったから，そういう時には株価が下がる可能性があるということだね。

その可能性はありますね。

◆類似業種の株価の項目

ところで，最初の計算式の左側に類似業種の株価という項目があるけど，これは何だい？

御社と同業の上場企業の株価で，国税庁が発表している数値です。どの企業のものという明示はありませんが，概ね日経平均株価の推移と同じような動きをしています。

つまり，**御社の配当・利益・簿価純資産の数値が変わらなくても，日経平均株価が上がると，御社の株価も上がる要因ですし，日経平均株価が下がれば，御社の株価が下がる要因**ということです。

※上場会社の配当・利益・簿価純資産と類似業種の株価は国税庁のwebsiteにデータが記載されていますのでご確認ください。☞令和5年分の類似業種比準価額計算上の業種目及び業種目別株価等について（https://www.nta.go.jp/law/tsutatsu/kobetsu/hyoka/r05/2306/index.htm）［2024年5月15日確認］

◆斟酌率の項目

計算式の右側に「斟酌率」って書いてあるね。「しんしゃくりつ」とふりがながあるけど……。そして，大，中，小の会社ごとの数値があるね。これは何のこと？

難しい言葉ですよね。

簡単に言いますと，会社の規模によって掛目（割引）があるとご理解ください。

例えば未上場企業でも年商100億円の会社もあれば，1億円の会社もあります。

今までご説明した配当・利益・簿価純資産の項目だけでは，大きな企業も小さな企業も同じレベルでの計算になってしまいますので，最終的に調整をする項目なんです。

ただ，細かい話ですので，この斟酌率を掛けることによって，小さい会社は株価が低めに算定されるということだけ覚えてください。

そうか，斟酌（しんしゃく）するって言い方をするね。小さい会社に対する手加減ってことかな……。いずれにしても，調整率のような意味と理解するよ。

類似業種比準価額方式では，配当・利益・純資産の数値が大きい会社は株価が高いという結果になります。

配当を出さないという選択肢はありますが，利益・純資産を減らすことは簡単ではありません。

Q30 株価の計算方法を簡単に教えてください② ～純資産価額方式～

不動産や株式の含み益が株価に影響するって本当ですか？

Answer

■純資産価額方式とは未上場会社が**会社を清算した場合に，株主に分配される財産の価値はいくらか？**　ということを計算する方法とイメージしてください。

この計算方式では，①**内部留保の厚い会社**や②**不動産や有価証券など，資産の含み益が大きい会社は株価が高くなります。**

具体的には，次の貸借対照表上の純資産額Ａに含み益（含み損）Ｂをプラスし，資産の含み益に対する法人税額等相当額Ｃ（37％）を差し引いて株価を計算します。

■純資産価額方式での株価算定を図解

【貸借対照表のイメージ図】

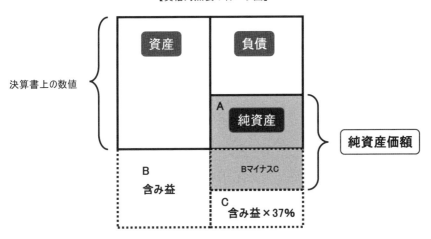

純資産価額とは、純資産Ａと含み益ＢからＣ（**含み益Ｂ×37%**）をマイナスしたものの合計

純資産っていうのは，決算書にある純資産のことだよね。だけど，図を見るとなんかそれだけではないようだね。

はい。ただ，分解してみれば簡単だと思います。
まず，貸借対照表の純資産Aの欄は，社長が普段ご覧になっている決算書上の純資産額です。
純資産はご存知のとおり，資産マイナス負債ですから，簡単に申し上げると会社を清算した残りが，いくらなのか？　ということが純資産額ということです。

そこまでは簡単だけどね。

御社は不動産を所有していますよね。たしか先代の頃に取得されたと聞いていますので，不動産の価額はかなり上がっているのではないでしょうか。

そうだね。昔買った土地だから，バブルとかリーマンショックとかあったけど，買った時よりは上がっているよ。

でも，決算書には買った時の値段だけ記載されていて，値上がり分は反映されていません（時価会計のケースは除きます）。
値上がりした場合には，この図にある含み益Bが増加するということです。

どこにも記載はされないけど，実際の価値が増えているということだね。

株式なんかも同じ考えだね。

はい，そうです。ですから会社を清算した時に株主に分配される金額はA＋Bとなります。

ただ，会社を清算した場合にも，含み益に対する法人税C（37％）は課税されるので，純資産額の計算においてもA＋BからCを控除するという考え方です。

計算式として整理すると次のようになります。

■純資産価額方式による1株当たりの株価

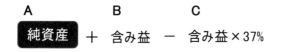

なるほど。まあ，含み益の控除についてはちょっと細かい話だけど，要するに純資産価額は会社を清算した時の価値はいくらか，ということで覚えることにするよ。

じゃあ，どんな会社の場合，純資産価額が高いんだい？

それは，次のような会社です。

① 内部留保の厚い会社
② 不動産や有価証券の含み益が大きい会社

一般的に業歴の長い企業は，長年の利益の蓄積が大きく，また昔に買った土地や株式が値上がりして含み益が大きい場合があります。

含み益が株価に影響されるとは考えてみなかったね。

一般的には儲かっている会社の株価が高いというイメージがありますが，現在はそれほど儲かっていなくても，過去の利益の積上げだけで，株価が高い企業もあります。

例えば，東京の都心で和服を販売する会社をイメージしてください。

こういう会社は業歴が長く，以前は儲かっていたので銀座のような都心に不動産を取得して店舗ビルを取得されているケースもあります。

その後，日本人が和服を着る習慣が次第になくなり，徐々に売上が低下していることも多いのですが，利益は上がっていなくても，過去の純資産の積上げや，不動産の含み益があるので，それが原因で株価が高いということがあります。

じゃあ，ウチの会社も今は儲かっているけど，この先，その利益が仮に減ることがあっても，必ずしもすぐに株価が下がるわけではないということなんだよね。

はい。この純資産価額方式を選択した場合にはそうなるということです。

純資産価額方式を選択するって何？

 株価を算定する場合には，先ほどの類似業種比準価額（**Q29**）と，この純資産価額の**どちらかの計算式を選択**したり，また**2つの計算式を併用**したりします。

計算式の選択，または併用するというケースについては別途ご説明します（**Q32**）。

・純資産価額方式は，会社を清算した時にいくら残るのかを計算する方法です。
・内部留保が厚い会社や，不動産・株式などの含み益がある会社は，株価が高くなります。

Q31 株価の計算方法を簡単に教えてください③ ～配当還元価額方式～

従業員は安く株を買えると聞きましたが本当ですか？

Answer

■配当還元価額方式とは，経営者一族ではない従業員のような少数株主が会社の株式を取得する場合の株式の価額を計算する方法です。

■具体的には，その会社の株式から受け取る１年間の配当金をもとに，元本である株式の評価額を計算する方法です。

【配当還元価額方式で会社の１株当たりの株価を算定】

【年配当金についての条件】

・直前期以前、**2年間の平均値**

・特別配当金や記念配当のうち、毎期継続することが予想できないものを除く

・無配当や2円50銭未満の場合には、**2円50銭**とする

$$\frac{\text{1株当たり}年配当金額}{10\%} \times \frac{\text{1株当たり}資本金等の額}{50円}$$

☞会社は一般的に年10%の配当を実施するという前提で考えた場合に過去の配当実績に対し、10%の配当を生み出す元本はいくらかということを計算する方法

今度は配当還元価額っていうんだね。なんだかまた難しいね。

 いえ，それほどでもありません。
これは**会社の配当実績に着目して，株価を計算する方法**です。この計算式では，配当が多い会社は株価が高くなり，配当が少ない会社は株価が低くなります。

 なるほどね。配当をたくさん出せる会社は儲かっているから，株価が高くなるってことだね。

 そして，この計算方法は，従業員などが少数の株式を取得する時に用いる計算方式です。

 少数株主だけ，計算式が違うってどういうことなのかな？

 類似業種比準価額や純資産価額は会社の業績全体に着目しているといえますが，配当還元価額は会社の配当実績だけに着目した計算式です。

 配当実績だけねぇ……。

 代表的な少数株主である従業員が株式を所有しているということをイメージしてください。

従業員は，株主総会で発言したいから会社の株式を買いたいと思う人は少なく，やはり「配当」が欲しいからという理由が一番でしょう。

ですから，会社の業績の詳細についてではなく，**配当額や利回りで計算する**ことが理にかなっているのです。

なるほど。従業員にとっては，配当がある金融商品に投資しているということだね。

だけど，ウチの会社は株価が高いから，従業員が買えないんじゃないの？

一般的に，**類似業種比準価額・純資産価額＞配当還元価額**であることが多く，配当還元価額は従来の額面価額と言われていたような，かなり低い価額になります。

そうなんだ。ウチの会社の額面は50円だったな。それなら従業員も買えそうな感じだね。

今は，額面金額が廃止されていますが，そのような低い価額のイメージとお考えください。

低い値段で従業員が買えるのはいい話なんだけど，なんでそうなるのかな。

経営陣が一定以上のシェアを確保する場合には，会社を支配することと配当を得ることができます。これに対し，従業員などの少

数株主は，会社を支配することはできず，配当をもらえるだけという価値の違いがあります。つまり，2者を比較すると従業員などが取得する場合の自社株の価値は低いということです。

そう考えれば，納得できますよね。

そうだね。ところで，配当がゼロだったら，株価もゼロになるんだよね。

いいえ，そうではありません。無配当や1株当たりの配当金額が2円50銭未満のケースは，年配当金額は2円50銭で計算します。

そうか。配当をゼロにしたら，従業員にタダで渡せるのかと思ったんだけど，そんな簡単にはいかないね。

そうはなりませんね。また年配当金は直近2期間の平均であることと，記念配当や特別配当金のように毎期継続しないものは除くということもご留意ください。

配当については理解ができたんだけど，1株当たりの資本金等の額を50円で割るというのは何なの？

この計算式全体が1株当たり50円として計算するもので，1株が50円相当ではない会社の場合，50円に引き直して計算するという意味です。

ただ，社長にこの計算式を丸暗記してもらう必要はありません。次に示した株価の特徴だけ覚えてください。

・配当還元価額は，従業員などの少数株主が株式を買う時の値段です。

・一般に，類似業種比準価額や純資産価額よりも大幅に低い価額です。

Q32　自社株評価方式の選択

私の会社は，どの株価算定方式で計算するのでしょうか？

Answer

■2つの株価算定方法の**どちらかを選択する場合**と，**併用する場合**があります。

①と②のどちらで計算するのかということは，その会社の規模で異なります。

Q29～Q31で3つの株価算定方法についてご説明しました。

そして，配当還元価額（**Q31**）は従業員などの少数株主が自社株を取得する時の算定方法であることはご説明しました。

ここでは，社長などの大株主が，親族である後継者に自社株を渡す際の価額として，類似業種比準価額と純資産価額をどのように使うのかについてご説明します。

類似業種比準価額と純資産価額の2つだったね。よろしく頼むよ。

それでは，**類似業種比準価額と純資産価額のどちらかを選択するか，2つを併用して使うのか**ということなんですが，その組み合

わせは会社規模によって異なります。

まず，会社規模について説明しましょう。

 次の図表をご覧ください。「**総資産額**」「**従業員数**」「**売上高**」の数値のマトリックスになっています。

各々に御社の数値が当てはまるマスを選択していただくと，最終的に表の右側の会社規模の判定欄で，大会社・中会社（大・中・小）・小会社という会社規模のどれに該当するのかがわかります。

■会社規模の判定

	総資産額		従業員数		売上高		会社の規模判定
卸売業	小売・サービス業	その他		卸売業	小売・サービス業	その他	
20億円以上	15億円以上	15億円以上	35人超	30億円以上	20億円以上	15億円以上	大会社
20億円未満～4億円以上	15億円未満～5億円以上	15億円未満～5億円以上	35人超	30億円未満～7億円以上	20億円未満～5億円以上	15億円未満～4億円以上	中会社の大
4億円未満～2億円以上	5億円未満～2億5千万円以上	5億円未満～2億5千万円以上	35人以下～20人超	7億円未満～3億5千万円以上	5億円未満～2億5千万円以上	4億円未満～2億円以上	中会社の中
2億円未満～7千万円以上	2億5千万円未満～4千万円以上	2億5千万円未満～5千万円以上	20人以下～5人超	3億5千万円未満～2億円以上	2億5千万円未満～6千万円以上	2億円未満～8千万円以上	中会社の小
7千万円未満	4千万円未満	5千万円未満	5人以下	2億円未満	6千万円未満	8千万円未満	小会社
①従業員70人以上							大会社

②いずれか下位選択　③いずれか上位選択

※財産評価基本通達178を参考にし，著者が作成。

【具体例】

業種：小売業，総資産額：8億円，従業員：30名，売上高：30億円の会社の判定

① 従業員数を見てください。**従業員が70人以上の場合**には，総資産や売上高の判定をせずに，**すべて大会社**となります。この会社の場合は，従業員数70人未満なので，②に進みます。

②　従業員が70人未満の場合には，まず総資産額と従業員数の項目で当
てはまるマスを選び，そのマスのいずれか低い方を選択します。

　この会社の場合，総資産額のマスよりも従業員数のマスの方が低い
ので従業員数のマスを選択します。

③　売上高の欄で，当てはまるマスを選び，上記②で選択した，従業員
数のマスと売上高のマスのいずれか高い方を選択します。

　この会社の場合には，売上高のマスが高いのでそれを選択した後，
右の会社の規模判定を見ていただくと「大会社」という判定になります。

詳しくは覚えられないけど，総資産額，従業員数，売上高で会社
規模が決まる仕組みがあるってことは覚えておくよ。ところで，
その会社規模を判定するというのは，どんな目的なんだったかな？

はい，会社規模によって，株価算定の計算式の選択が異なるとい
うお話です。

そうだったね。じゃあ，どんな選択になるのか教えてくれるかな。

◆大会社の場合

次頁の図をご覧ください。大会社から順番に説明します。大会社
の場合，純資産価額と類似業種比準価額のいずれか低いほうを選
択することになります。

いずれか低いほうを選ぶっていっても，実際に株価を計算してみ
ないとわからないね。

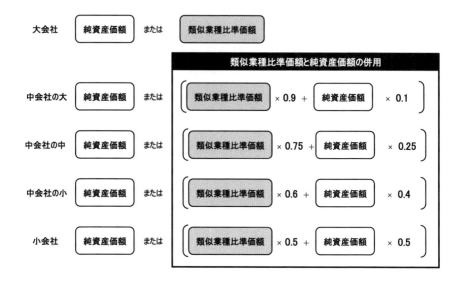

 実際にはそうなんですが，一般的に言うと，下記の関係にあることが多いものです。

純資産価額　＞　類似業種比準価額

類似業種比準価額は利益の変動とともに株価も上下しますが，純資産価額はその会社が赤字でない限り純資産は年々積み上がっていくことが大きな要因です。

 じゃあ，一般的には大会社の場合には，類似業種比準価額を選ぶことが多いってことだね。

 そういうケースが多いとお考えください。

◆中会社・小会社の場合

 中会社・小会社の場合は，純資産価額と2つの計算式の併用（類似業種比準価額と純資産価額の併用）のいずれか低いほうを選択します。**併用とは，類似業種比準価額と純資産価額を一定の割合で組み合わせる**ということです。例えば中会社の大の場合には，類似業種比準価額×0.9＋純資産価額×0.1で計算します。

そして会社規模が小さくなるにつれて，純資産価額の割合が，0.25→0.4→0.5と高くなります。

純資産価額の割合が高くなるということは，先ほどご説明した，

> ## 純資産価額　＞　類似業種比準価額

ということを前提とすると，会社規模が小さくなっていくとそれほど利益水準が高くないのに株価は割高になるということです。

 なるほどね。ともかく，会社規模によってどちらの株価算定方法を使うのかとか組み合わせて使うのかは理解できたよ。

- ・どの株価算定方法を選択するのかということは，**会社規模**によります。
- ・**会社規模は「売上高」「従業員数」「総資産」**の3つの要素で決まります。
- ・一般に，**純資産価額 ＞ 類似業種比準価額**であることが多いので，それを前提とすると，会社規模が大きくなると，株価は割安になりやすいといえます。

Q33 株式保有特定会社とは

株式をたくさん保有する会社の株価は高くなると聞きましたが，本当ですか？

Answer
■会社の**総資産額に占める株式等の割合**（相続税評価額）**が50％以上を占める会社**を株式保有特定会社といいます。

株式保有特定会社の場合には，会社規模（**Q32**）にかかわらず原則として，その株式は**純資産価額で計算します**^(※)。

■一般に株式の評価は純資産価額＞類似業種比準価額の関係であることが多く，株式保有特定会社に該当して純資産価額での評価になると，株価が高額になる可能性があります。

■持株会社は，株式保有特定会社に該当することが多いです。

（※純資産価額の他に「Ｓ１＋Ｓ２方式」という評価方法がありますが，ここでは説明を省略しています）

■株式保有特定会社の計算方式と該当基準

$$\frac{株式等の評価額_{(相続税評価額)}}{総資産額_{(相続税評価額)}} \geqq 50\%$$

① 会社の資産のうち株式等が50％以上を占める場合に該当

② 上記①の数値は，**決算書上の数値**（簿価）**ではなく，相続税評価額の数値**。

（相続税評価額の例：土地は路線価または固定資産税評価額×倍率。建物は固定資産税評価額）

やっと株価算定方法の原則的なルールがわかったけど，今度は特別なケースの株価だね。

 はい。関連会社などが，この状態に該当する可能性もありますので，ご説明します。株式保有特定会社とは，**資産の半分以上が株式**等となっている特殊な会社のことです。
事業を営んでいる会社には，通常みられない**偏った資産構成の会社**なので，類似業種比準価額など原則的な評価方法では正確な価額が算定されないと考えられています。

 たしかに事業をやっていて，総資産の半分が株式っていうことは，あまりないよね。

 はい。そうです。会社が事業活動による利益を上げる存在というよりも，会社が「財産そのもの」と考えられる存在なので，「財産そのもの」を計算するなら，類似業種比準価額方式ではなく，純資産価額方式が適切と判断されると考えてください。

 それで，その株式保有特定会社になって純資産価額で評価することになるのはわかったけど，純資産価額の評価になるとどうなるの？

 一般的に，**純資産価額は類似業種比準価額よりも高いので**，株式保有特定会社に該当すると，株価が高くなる傾向があるということです。

株式保有特定会社に該当した場合に，株価が高い方の純資産価額が選択される

なるほど。一般に純資産価額が類似業種比準価額よりも高いことが多いという説明は前にも受けたね。
そういう仕組みで株価が高くなる可能性があるんだね。ところで，所有する株式が資産の半分以上なんてどんな会社なの？

一般的には，持株会社や資産管理会社と言われる会社が，この株式保有特定会社に該当することが多くなります。

ウチの会社も，持株会社があるよ。そういえば資産はほとんど自社株だけだね。

それでは，株式保有特定会社に該当している可能性が高いです。一度，税理士に株価算定を依頼してみてください。

先代の株を買い取るために作っただけで，あとは何もしていなかったけど，事業承継では問題になることもあるんだね。

事業承継の対象になる株式は，社長が直接持っている御社の株式だけではなく，持株会社の株式も対象になりますので，持株会社が株式保有特定会社に該当して，株価が高い場合には，その対策を検討する必要があるかもしれません。

了解。もしウチの持株会社が株式保有特定会社に該当していたらどうしようか？

株が多くてはいけないんだから，減らせばいいんだよね。

はい。これはあくまでも計算上での考えですが，**株式等を売るか，他の資産を買うか，さらに事業会社本体の株価を下げる**ということです。

ただ，未上場企業の持株会社の場合には，その事業承継の対象である会社本体の株式を所有して株式保有特定会社になっていることが多いので，株式は売れません。

それはそうだよね。

それから，他の資産を買うということですが，方法としては土地・建物などの不動産を買うことが多いです。

ただし，株式保有割合によってはかなり高額な不動産を買わなければならず，それだけリスクが高まります。

リスクが高いのは嫌だね。不動産を買って株価が下がっても，不動産が値下がりしたら目も当てられないよね。

それで，事業会社本体の株価を下げるっていうのは？

■持株会社が，株式保有特定会社のケース

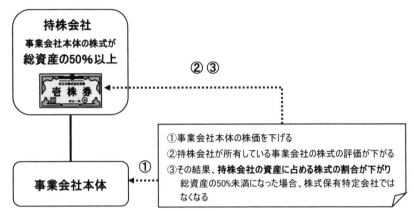

持株会社
事業会社本体の株式が
総資産の50%以上

② ③

壱 株 券

事業会社本体

①

①事業会社本体の株価を下げる
②持株会社が所有している事業会社の株式の評価が下がる
③その結果、**持株会社の資産に占める株式の割合が下がり**
総資産の50%未満になった場合、株式保有特定会社ではなくなる

 はい。上に表示した図のように持株会社が事業会社の株式以外の資産も持っている場合，事業会社本体の株価を下げると，資産に占める株式等の割合が下がるので，株式保有特定会社に該当しなくなるケースがあります。

 実現できるのかどうかは，検討が必要だね。

 はい。今までご説明したことは，あくまでも計算上のお話です。事業活動の目的で不動産を買い，その結果株価が下がるのは問題ありませんが，必要のない不動産を買うようなことは事業にとっては，将来にわたりリスクを保有することになります。
また，合理的な理由がなく資産構成を変更した場合，その資産構成の変更が認められないことがありますので注意が必要です。次の通達をご参照ください。

あくまでも，事業計画に沿っていないといけないってことだね。

【財産評価基本通達189（特定の評価会社の株式）】

「なお，評価会社が，次の<u>株式保有特定会社又は土地保有特定会社</u>に該当する評価会社かどうかを判定する場合において，課税時期前において**合理的な理由もなく評価会社の資産構成に変動があり**，その変動が次の<u>株式保有特定会社</u>又は<u>土地保有特定会社</u>に該当する評価会社と**判定されることを免れるためのものと認められるときは，その変動はなかったものとして当該判定を行うものとする。」**

※下線箇所は著者が修正しました。原文は，「（2）又は（3）」です。

・株式保有特定会社に該当すると，株価が高くなる可能性があります。
・不動産を取得すると，資産に占める株式の割合が下がり，株式保有特定会社に該当しないことがありますが，事業の目的に合致しない，不動産の取得はさまざまなリスクがあります。

Q34 土地保有特定会社とは

土地をたくさん保有する会社の株価は高くなると聞きましたが，本当ですか？

Answer

■会社の総資産額の大半が土地である会社を土地保有特定会社といいます。土地保有特定会社に該当した場合，株式の評価は**会社の規模にかかわらず，純資産価額で評価される**ことになり，土地保有特定会社に該当しない場合と比べて，株価が高くなることがあります。

$$\frac{土地等の評価額_{（相続税評価額）}}{総資産額_{（相続税評価額）}} \geq \boxed{\qquad} \%$$

↑
下記表で会社規模、業種に照らして判定する

【判定方法】

①上記計算結果で土地の割合が何％になるかを計算

②下記表で会社規模ごと、業種ごとに土地の割合を照らし合わせて判定

基準 / 規模	総資産価額（帳簿価額）			総資産に占める土地の割合
	卸売業	小売・サービス業	卸売業・小売サービス業以外	
大会社				70%以上
中会社				90%以上
小会社	20億円以上	15億円以上		70%以上
	20億円未満 7,000万円以上	15億円未満 4,000万円以上	15億円未満 5,000万円以上	90%以上
	7,000万円未満	4,000万円未満	5,000万円未満	該当しない

例）大会社で、総資産額に占める土地の割合が70%以上の場合には、土地保有特定会社に該当

土地保有特定会社か。株だけじゃなくて，土地を持っている会社にも特別な計算方法があるんだね。

そうです。株式保有特定会社（**Q33**）と，計算の考え方は一緒ですが，会社規模によって判定基準が多少違いますので，前頁の表でご確認ください。

会社規模にもよるけど，おおまかに言うと，会社資産の7割が土地だったら該当する可能性があるんだね……。

そうですね。土地保有特定会社は，**資産の大半が土地**であるという，通常の事業会社にはあまり見られない，**偏った資産構成の会社**です。
土地からの収益だけで事業活動を営んでいるとは言いがたいケースもあり，これを同業他社の株価と比較する類似業種比準価額で株価算定しても，正確な株価ではないという考え方です。

株式保有特定会社の説明とほとんど一緒だね。
会社の資産に土地の占める割合が90％なんて会社は，あまり考えられないね。

はい。ですから土地保有特定会社に該当した場合には，その会社を事業というよりも「財産そのもの」と考え，純資産価額方式で株価算定をすることになります。

そうなると，純資産価額は類似業種比準価額よりも高いから，土地保有特定会社に該当すると株価が高くなる可能性がある，ということだよね。

ちょっとわかってきたよ。

ところで，土地が資産の大半を占める会社なんてあるのかな？

例えば，業歴が相当長い不動産管理会社で建物の償却が進んだ結果，会社の資産が土地だけになってしまうようなケースがあります。

ただ，建物がかなり古くなった場合には，建て替えることもあり，その時点で土地保有特定会社ではなくなりますので，あまり例は多くありません。

なるほど。知り合いの会社は，親の代では材木卸をやってて，資材置き場の土地がたくさんあるんだけど，今は事業を縮小しちゃったから，会社の資産が土地ばっかりの会社になっているかもね。

その可能性はありますね。税理士にご確認されるようにお伝えください。

そうだね。利益をあげていない会社のことは心配していないんだろうけど，株価が高かったら困るからね。

それで，土地保有特定会社に該当したら，どうしたらいいんだろうか？

はい。これはあくまでも計算上での考えですが，会社の資産に占める土地の割合を減らすということです。

簡単に言いますと，**土地を売るか，他の資産を買うか**という方法が考えられます。

他の資産を買うと言っても，いらないものを買っても仕方がないので，現実的にはあらたに建物を建てるというご検討が考えられます。

なるほどね。でも先祖代々の土地を簡単には売れないし，建物を建てるのも，借入しないといけないし，リスクがあるよね。

そうなんです。借入をして建物を建てて株価対策が成功しても，その後に賃料収入が減ったりしたら，借入の返済が苦しくなって，本業の事業に影響してしまうかもしれません。

そうだね。まずは，土地保有特定会社に該当しているのかどうかの確認は必要だけど，本業にマイナスになるような対策をしてはいけないね。

はい。それと，合理的な理由がなく資産構成を変更した場合その資産構成の変更が認められないことがありますので注意が必要です。次頁の通達をご参照ください。

これも，株式保有特定会社のケースと同じで，あくまでも，事業計画に沿っていないといけないってことだね。

【財産評価基本通達189（特定の評価会社の株式）】

「なお，評価会社が，次の<u>株式保有特定会社又は土地保有特定会社</u>に該当する評価会社かどうかを判定する場合において，課税時期前において合理的な理由もなく評価会社の資産構成に変動があり，その変動が次の<u>株式保有特定会社又は土地保有特定会社</u>に該当する評価会社と判定されることを免れるためのものと認められるときは，その変動はなかったものとして当該判定を行うものとする。」

※下線箇所は著者が修正しました。原文は，「（2）又は（3）」です。

> ・土地保有特定会社に該当すると，株価が高くなる可能性があります。
> ・建物を建てると，資産に占める土地の割合が下がり，土地保有特定会社に該当しないことがありますが，事業の目的に合致しない資産構成の変化はさまざまなリスクがあります。

Q35　比準要素数１の会社とは

赤字になるとかえって株価が高くなることがあるって本当ですか？

Answer

■類似業種比準価額方式（**Q29**）で株価を計算する会社は，配当・利益・純資産の３つの要素が小さければ，株価が低いという結果になります。

■しかし，**配当・利益・純資産の３つの要素のうちの２つ**が３期の決算（直前期末以前３年間）において**ゼロの場合**には，株価算定上，**比準要素数１の会社**に該当し，下記の方法で株価算定します。その結果，比準要素数１の会社に該当しない場合と比較して株価が高くなることがあります。

【比準要素数1に該当した場合の評価方法】

$\boxed{\text{純資産価額}}$ または $\boxed{\text{純資産価額}}$ ×0.75 ＋ $\boxed{\text{類似業種比準価額}}$ ×0.25

⇨例えば，無配当で赤字の会社の場合，その会社が黒字の状況にあるよりも株価が高くなることがあるので注意が必要です。

知り合いの会社は，先代の時は業績が良かったから株価が高くて，事業承継対策が大変だったらしいんだけど，最近は赤字なので株価対策どころじゃないなぁって言ってるんだよね。赤字だから株価は安いっていう理解でいいんだよね。

たしかに，類似業種比準価額方式の場合には，利益が減ると株価が下がりますが，赤字が続いたままで，配当もしていない場合には，株価が高くなる場合があります。

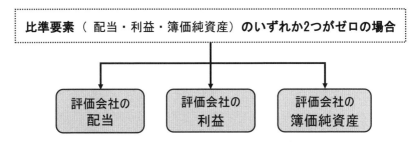

えっ？　何でそうなるの……。だって赤字なんだよ。

では順番に詳しく説明をします。

下の図にありますように，類似業種比準価額は「**配当**」「**利益**」「**簿価純資産**」の３要素で計算をします。

この３要素のことを**比準要素**といいます。難しい言い方ですが，比較する要素と理解してください。

その３つの比準要素のうちの２つがゼロの会社は，**比準要素数１の会社**という分類になって，計算方法が通常と変わります。

■判定基準となる類似業種比準価額の計算要素

> **比準要素（配当・利益・簿価純資産）のいずれか2つがゼロの場合**

評価会社の配当	評価会社の利益	評価会社の簿価純資産

２つの要素がゼロというのは，例えば，赤字会社で「**利益**」がゼロなら「**配当**」か「**簿価純資産**」のどちらかがゼロになるってことだね。

そうです。ただ，簿価純資産がゼロという会社は，そもそも事業承継対策というよりも，会社の存続が危うい会社ですから例外とします。

実際には,「配当」と「利益」の2要素がゼロという状況を考えればよいということです。

それで,その比準要素数1の会社になると,計算方法がどう変わるんだい?

株価算定で使用する計算方法は,次のように変わります。

会社規模が中会社の大の場合,類似業種比準価額と純資産価額を併用しますが,純資産価額の割合は0.1です。

しかし,比準要素数1の会社に該当すると,次のとおり,類似業種比準価額の割合が0.25と低く,純資産価額の割合が0.75と高くなります。

【比準要素数1の会社ではない,中会社の大の会社】

純資産価額 ×0.1 + 類似業種比準価額 ×0.9

【比準要素数1の会社に該当した場合】

純資産価額 ×0.75 + 類似業種比準価額 ×0.25

純資産価額のウエイトが高くなるということは,どういう意味があるんだっけ?

一般に,類似業種比準価額よりも純資産価額のほうが株価算定の結果が高いことが多いので,比準要素数1の会社に該当すると株価が高くなる可能性があります。

○一般的なケース

| 純資産価額 | ＞ | 類似業種比準価額 |

ただし，これとは逆に，類似業種比準価額＞純資産価額というケースでは，比準要素数1の会社に該当しても，株価が大幅に上がるとは限りませんので，まずは，税理士に株価算定を依頼して正式な状況把握をすることが必要です。

なるほど。まずは税理士に確認するけど，もし比準要素数1の会社に該当したら，どうしたらいいんだろう。

比準要素数の2つがゼロではない決算期を待って株式を渡すか，比準要素数1にならないようにするのかというご検討が必要です。
例えば，赤字が続いていてもその後，業績改善して利益が出るのであれば，比準要素数1の会社ではなくなります。
その決算期後に自社株を渡すことを検討するのは1つの方法です。
また，赤字であっても純資産はゼロではないでしょうから，配当をして，比準要素数を1でない状態にするというのも1つの方法です。
なお，配当をする場合には，直前期または直前々期以前2年間の平均金額で，1株当たりの金額がゼロではないことが必要です。

じゃあ，直前の決算で少額の配当をしてもダメな場合があるってことだね。

そうです。2年間の平均で1株当たりの配当がゼロではないことにご留意ください。

 了解。赤字だからって，安心しててはいけないんだね。今後の会社の業績と対策方法を連携して考えることが必要ということだね。

・利益が小さい会社は一般に株価が低いものですが，赤字が続き，比準要素数1の会社に該当すると，株価が高くなる可能性があります。
・赤字会社の場合，純資産がプラスであれば、配当を実施することで，比準要素数1の会社に該当しないことがあります。

▷ 自社株を渡す時の負担を小さくすること の検討

Q36 株価対策を検討する理由

会社は利益を上げているのに，あえて利益を下げて株価対策をするという方法を聞きました。
株価対策は必ずしなければならないものでしょうか？

Answer

■株価が高い場合には，社長が所有する自社株を後継者に渡す際，後継者に大きな資金負担が発生します。

　①　後継者が自社株を買い取る場合の買取資金

　②　後継者が贈与・相続で自社株を取得する場合の，贈与税・相続税の納税資金

■株価対策は必ずしなければならないということはありませんが，後継者個人で資金を負担できない場合には，最終的には会社の負担になることも多く，株価対策をすることで，会社と後継者の資金負担を軽減できる場合があります。

■ただし，株価対策の方法が会社の事業方針に合わないことは本末転倒ですので注意が必要です。

いままで，毎年，売上や収益目標を掲げて，達成してきたんだ。そのおかげで，業績のいい会社になって，みんなで喜んでいたんだけど，その結果，株価が高くて大変だから利益を落としたりして株価を下げる対策をしないといけないというのは，なんだかしっくりこないんだよね。

■後継者が自社株を取得するための資金負担

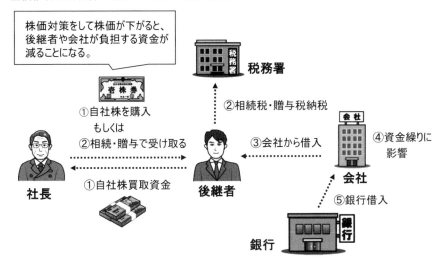

株価対策をして株価が下がると、後継者や会社が負担する資金が減ることになる。

①自社株を購入
もしくは
②相続・贈与で受け取る

②相続税・贈与税納税

③会社から借入

④資金繰りに影響

①自社株買取資金

⑤銀行借入

社長　　後継者　　会社　　銀行　　税務署

▶自社株の買取資金や相続税・贈与税を後継者が自己資金で支払えない場合には，会社から借入をする場合がある。そして，会社も資金繰り上，必要であれば金融機関から資金調達を実施することになる。

たしかに，本来会社というものは利益を追求する組織ですので，業績が良いことは喜ぶべきことですし，必ず株価対策をしなければならないというわけではありません。

そうか，じゃあやらなくてもいいの？

御社は株価が高いので，後継者が社長の自社株を買う場合の資金や，相続や贈与で取得する時の相続税や贈与税は高額になる可能性があります。
その場合，後継者には大きな資金負担が発生するので，その負担

を抑えることができるかどうかの検討は，後継者に経営をバトン
タッチするにあたって重要なことです。

資金負担を減らすために株価を下げる対策が必要だっていうこと
だね。

また，一般的には株価が高い場合には，後継者個人が自己資金で
買取資金や納税資金を準備することができず，最終的に後継者が
会社から借入することや，またその資金を会社が金融機関から調
達することもあるのです。

個人で払える人はいないだろうから，結局は会社の負担だよね。

はい。社長にとっては，株価対策で利益を減らすことは納得がい
かないと思いますが，株価対策はあくまでも株式を渡す一時期の
利益を落とすだけです。
これによって後継者や会社の資金負担が減るのであれば，利益を
減らす株価対策を検討するのも合理的な判断ではないでしょう
か？

そうだね。一時期の利益を減らすだけなら，会社の評価そのもの
が下がるわけではないしね。

はい。ただ，株価対策になるからと言って，**必要のない金融商品
や不動産を買うことは事業方針とは合わず**，株式を渡した後に会

社が利益を上げることのネックになることもあります。事業方針
に合った株価対策をご検討ください。

そうだね。あまり，大掛かりな株価対策にエネルギーを注ぐのも
どうかなと思っているんだけど，後継者の資金負担も大きいから，
その点のバランスをよく考えてみるよ。

会社の利益を減らすことは，本来好ましいこと
ではありませんが，株価対策は，後継者の資金
負担を減らすために検討する事項です。

Q37 株価対策方法の検討

株価対策の基本的な仕組みを教えてください。

Answer

■株価対策は，**類似業種比準価額方式・純資産価額方式**の計算式をみながら，**計算結果が小さくなること**を検討することです。
① 類似業種比準価額の引下げ：**配当，利益，純資産の数値が小さくなる**ことを検討
② 純資産価額の引下げ：**純資産の数値が減少する**ことを検討
不動産などのように時価と相続税評価の差額がある資産に組替えを行う方法があります。

株価対策の重要性や対策をするかどうかの検討をすべきということはわかったので，まず，仕組みのおおまかな全体像を教えてもらえるかな？

株価対策方法を個別にご説明するとかなり難しくなりますので，類似業種比準価額と純資産価額，それぞれの計算式ごとに，株価対策の全体像についてご説明します。

まず，次頁の類似業種比準価額の計算式をご覧いただいて，この計算式のどこの部分を変えると株価が下がるのかということを考えてみましょう。

計算の要素は３つで，配当・利益・簿価純資産です。そして，分子は御社の数値で分母は同業の上場企業の数値です。これは，**Q29**でご説明しました。

■類似業種比準価額が下がるケース

☞ 下記、配当・利益・簿価純資産は、すべて1株当たりで計算した数値です

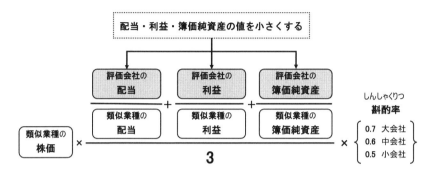

この計算式での計算結果を小さい値にすると株価が下がります。
さて，どうしたら良いでしょうか。

そうだね，分数の計算だから分子の数値が小さければ計算結果は
小さくなるよね。
だから，ウチの会社の**配当や利益，純資産を減らせば，株価が下
がる**んじゃないの？

はい，そのとおりです。では，どうしたらその数値を小さくする，
減らせるのか，ということを考えましょう。

◆配当を減らす

まずは，配当金額を減らすことだね。これは簡単だよね。

はい，そのとおりです。ただし，配当を減らすことで株価引下げ
要因にはなるんですが，その一方で，配当を減らすと内部留保が

増加し純資産の要素が増えてしまい，これは株価の上昇要因です。配当額によって，あまり大きな影響ではないかもしれませんが，どうなるのか事前のシミュレーションが必要です。

そうか，配当しないってことは社外流出しないから，純資産は増えるんだね。

はい，そうです。

なお，この計算で対象となるのは普通配当のみですので，記念配当は対象になりません。

つまり，記念配当を実施しても，類似業種比準価額の計算上の配当の要素には計算されずに，純資産だけ減るという効果があります。ただし，株価対策のために配当をするというのは好ましくありません。

記念配当は，ちょっとしたテクニックのようだけど，会社の○○周年のような記念配当をする時があれば，検討するということだね。

◆利益金額を減らす

利益を上げるために経営しているんだから，減らすのは，本当は嫌なんだけどね。

会社が無意味に損失を出すということではなく，会社が通常行う企業活動の結果，利益が減ることがあれば，そのタイミングを利用するということです。

具体的には，どんなタイミング？

例えば**退職金の支給**です。社長がリタイアされる時には，まとまった退職金を受け取られると思いますので，その結果利益が減って株価は下がります。

なるほど，その他にはどんな方法があるのかな。

含み損を抱えている資産を売却して損失を顕在化する方法や，何らかの理由で特別損失を計上して利益が減るタイミングがあれば，それを利用する方法があります。

つまり，**株価対策のために何かをするのではなくて，会社が行った経済活動の結果，利益が下がって株価が下がり，それを活かす**ということだね。

◆純資産価額を減らす

次に，類似業種比準価額方式の純資産額を減らす方法です。
純資産額は会社が赤字でない限り増加していくものです。したがって，簿価純資産価額を減らす方法はあまり多くありません。
ここでご注意いただきたいのは，ここでいう**簿価純資産の額というのは，含み益，含み損を計算せず，資産を取得した時点の価額で計上している**ということです。
つまり，所有している不動産が値下がりした場合でも決算書上の

数値は変わりませんが，実態面では資産が目減りしている（＝純資産が減少）ということです。

 未上場企業の場合には，普通，不動産の値下がりや値上がりを決算書には表示しないよね。

 はい。そこで，そのような含み損のある資産を保有している場合には，**資産売却により純資産が減少する**ことになります。

 バブルの時に買ったりした不動産なんかは，含み損があるから，それを売って損を出す，つまり損出しってやつだね。だけど，含み損のあるまま，売るっていうのは損失を確定することだよね，そんなことしていいのかな？

■含み損の具現化

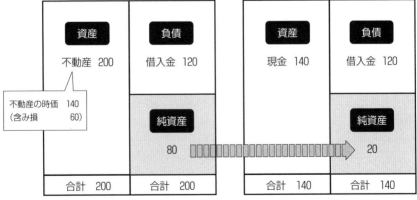

【不動産売却前の貸借対照表のイメージ図】　【不動産売却後の貸借対照表のイメージ図】

▶不動産を買った時の価額が200で，現在の時価が140。つまり，含み損が60ある状況。決算書には，買った時の200が計上されている状況。

▶不動産を時価の140で売る，つまり含み損の60を吐き出すという状況。これにより，純資産が80から20に減少（含み損60の実現）。

はい。株価対策だけのために不動産等の資産を売却して損失を確定することが経営上正しいことなのかどうか，よく判断してから行う必要があります。

◆純資産価額方式での株価が下がるケース

ここで，話は切り替わりますので，ご注意くださいね。
今まで，ご説明したのは類似業種比準価額方式で計算する場合に株価が下がるケースです。
純資産価額についての説明も，類似業種比準価額の計算要素である「**簿価純資産価額**」のことでした。

簿価純資産額というのは，決算書上の純資産価額のことであって，含み益や含み損が反映されていないということだったね。

はい，そうです。ここからご説明するのは，純資産価額方式（**Q30**）での株価対策です。
つまり，**簿価純資産価額ではなく，含み益や含み損をすでに考慮している純資産価額が下がる方法**の検討です。

わかった。一般に株価が高い方の計算式だね。

そのとおりです。では，純資産価額の計算を再度確認しましょう。

■貸借対照表のイメージ図

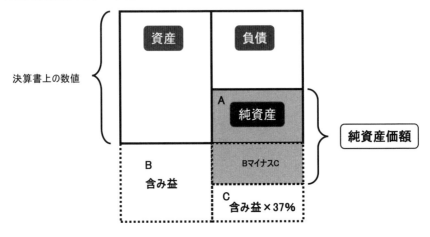

純資産価額とは、純資産Aと含み益BからC（含み益B×37%）をマイナスしたものの合計

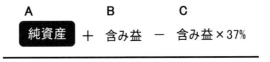

　純資産価額を下げる方法は，図をご覧になるとわかるとおり，文字どおり純資産を減らすということです。

　赤字を計上すれば，純資産は減少しますが，意図的に赤字を目指すことは本末転倒です。

当たり前だね。どんな方法があるの？

◆買った後に評価が目減りする資産を取得して株価対策をする

 はい。それは，何か資産を購入して，①資産を購入した時の価額と，②株価算定をした時の資産評価額の差額を作るということです。

 評価の差額か……。つまり同じ資産でも，評価方法が違うから，買った時より株価算定をする時に値段が下がるってことかな？

 はい，そうです。
簡単に言うと，買った資産が，株価算定の際に，評価額が目減りするということです。

 目減りしたら損な気がするんだけど。

 これは，株価算定の**評価上の問題**だけであって，本当に財産が目減りするわけではありません。
不動産を買うケースでご説明します。
土地は**購入した時には時価**で評価されますが，**株価算定をする時には路線価**で評価します。一般に，**時価＞路線価**という地域が多いので，**時価と路線価の差額分だけ純資産が目減りする**（＝純資産評価が下がる）ということです。

資産を購入した時の価額 **時価**	マイナス	株価算定をした時の評価額 **路線価**	＝	純資産価額が減少する額

Q39では，実際の数値を用いて，解説いたします。

ちょっと難しいけど，財産の評価が目減りしたんだから，純資産は減るってことだよね。

 そうです。ただし，株価を下げる効果があるからといって必要のない不動産を買ったら，資金は固定化して，資金繰りに影響しますし，後継者にとってプラスではないこともあります。

また，不動産は価格下落リスクがあるので，株価は下がったけど，不動産の価格も下がったら，会社として何を目指していたのかわからなくなります。

 そうだね。バブル崩壊やリーマンショックの時は不動産も大幅に値下がりしたし，日本の人口も減っているから，不動産が上がるかどうかはわからないしね。

株価対策と経営とのバランスをよく考えることが必要だね。

・株価対策は，自社がどの算定方法（類似業種比準価額方式・純資産価額方式）を使うのかを確認し，その計算要素を引き下げること。

・ただし対策方法が，その会社の事業方針と合致しているかが重要。

Q38 退職金支給による株価対策
～類似業種比準価額対策～

会社が退職金を支給すると株価対策になると聞きましたが，その簡単な仕組みと実行に際しての注意点を教えてください。

Answer

■自社株評価の方法で，類似業種比準価額方式（**Q29**）を選択している会社の場合，会社が退職金を支給することで，類似業種比準価額計算上の要素である「利益」が減少するため，自社株の評価が下がる要因となります。

■株価が下がる効果は，退職金を支給した決算期の翌決算期に現れます。

■ただし，退職金は適正な金額を超えた場合には，法人税法上，損金とは認められませんので，退職金支給額の決定には注意が必要です。

◆株価対策の仕組み

類似業種比準価額（**Q29**）を引き下げる方法は，**配当・利益・簿価純資産**の３つの数値を下げることですが，退職金を支給した場合，その額が損金算入されて**利益が減少**し，株価が下がります。

■類似業種比準価額の３要素

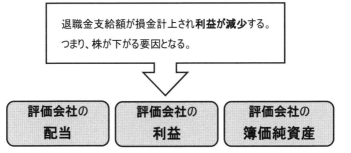

配当・利益・純資産だよね。何回も聞いたから，これはわかって
きたよ。

それはよかったです。
会社を退職する時に退職金が支給されるのは，会社の通常の経済
活動で行われることです。
そして退職金を支給した結果として，株価が下がるのであれば，
その効果を生かして自社株を渡しましょうという考え方です。
不動産を買うなどの株価対策を実行するとしたら，メリットやデ
メリットのことを考える必要がありますが，この方法であればそ
れほど多くの検証は必要ないでしょう。

なるほどね。
退職金のことはまだわからないけど，退職金をもらった結果，利
益が減るのは，会社としては仕方ないよね。
そしてその結果で株価が下がるんだったら，後継者にとっても悪
くないよね。

はい，そうです。後継者が社長のご親族であれば，その**退職金は，
後継者が相続する可能性がある**ので，その点でも後継者にはメ
リットがあります。

◆退職金の支給と株価引下げ効果の時期

① 退職金の支給額

ところで，自分が退職金はどれくらいもらうのか考えたことがな
いんだよ。

知り合いの社長は億単位でもらっていたらしいな。

私はそんなにもらう必要はないんだけど，株価が下がるためにもらうなら意味があることだし……，なんか基準となる金額とかあるのかな？

社長はお金がいらないとしても，株価対策やお子さんたちが負担する相続税の納税資金に使えることもありますので，その目線で考えたほうがいいです。

ここで，ご注意いただきたいのは，過大な退職金は損金算入が認められないことです。しかし，その一方で，適正な退職金の計算式が示されているわけではなく，法人税法施行令70条2項には，次のように示されています。

①その役員が法人の業務に従事していた**期間**，②**退職の事情**，③その法人と**同種の事業を営む法人でその規模が類似するものの役員に対する退職給与の支給状況**等に照らし，"相当と認められる退職給与の額を超えている"と，その超える部分の金額は損金不算入というものです。

この内容では，判断が難しいので，現状では，次の計算式が合理的な退職金の算定方法と一般的に言われています。実際に検討される際には顧問税理士にご相談ください。

最終報酬月額×役員在任年数×功績倍率

▶最終報酬月額：退職時の役員報酬月額

▶功績倍率：会社に対する貢献度

通常2〜3倍と言われていますが，税法・通達に示されていません。上記法人税法施行令を参考に，顧問税理士にご確認ください。

＜社長のケース＞

役員報酬（月額）200万円

在籍期間　　　　30年

退職金の目安は，200万円×30年×3倍＝1億8千万円

このケースで考えると，社長の退職金の目安は1億8千万円です。

なるほど。2億円近いお金なんてもらっても，使い道はないけどね。

そうそう，株価対策だったね。

② 役員退職金の支給手続

それから，支給の手続についてもお話しします。

あらかじめ，**役員退職金規程を作成**して，功績倍率も含めた計算根拠を示し，それに沿って支給をすることになります。

さらに，実際に役員退職金を支給するためには株主総会と取締役会の決議が必要です。

その際の議事録も当然残しておいてください。

別にやましいことはないから，きちんと規程を定めて，記録をとっておくように指示するよ。

はい。そしてタイミングですが，退職金を支給した効果が出るのは，支給した決算期の翌決算期ですので覚えておいてください。

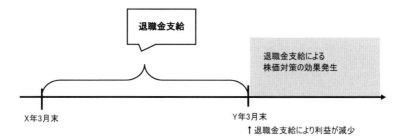

▶ X年4月〜Y年3月末の決算期で退職金を支給すると，株価対策の効果が出るのは，Y年4月以降になる。

 退職金を支給した時にどれくらい株価が下がる効果があるのかを税理士と相談して，規程の準備も始めてみるよ。

・退職金の支給によって，利益が減少し，類似業種比準価額方式の株価が下がる効果があります。
・ただし，過大な退職金は損金算入が認められないので注意が必要。

Q39 不動産を取得することによる株価対策
～純資産価額対策～

会社で不動産を買うと株価が下がると提案されていますが，本当ですか？

Answer

　純資産価額を引き下げる対策方法は多くありません。その中で，不動産取得による株価対策は大きな効果がある方法ですが，デメリットも考慮して検討することが重要です。

■株価対策方法は次の2つです。

　① 不動産の2つの評価額の差額を利用

　　会社が不動産を取得した時は，**時価**で計算されますが，3年経過後は**相続税評価額**で計算されます。

　　一般に**時価＞相続税評価額**というケースが多く，その前提では取得した時よりも不動産の評価が下がるので，それが株価引下げの要因になります。

　② 不動産の利用形態（自用と賃貸）の評価額の差額を利用

　　会社が取得した不動産を賃貸した場合，**自社で使用するよりも評価額が下がる**ので，その差額分が株価の引下げ要因になります。

　　※不動産をあらたに取得して賃貸した場合には，上記①と②の両方の効果があります。

■不動産取得による株価対策のデメリット

　① 不動産には価額下落リスクがあります。

　② **相続税評価額の適用が可能となるのは，不動産取得後から3年経過後**であり，それ以前は時価での評価となりますので，株価対策の効果はありません。

◆不動産の時価と相続税評価の差額

　純資産価額を引き下げる方法として，会社が不動産を取得した時の効果についてご説明します。

まず，御社が不動産を買った時の値段というのは，文字どおり**時価**です。

不動産を買ってから3年経過するまでの間に株価算定をする場合，会社が所有している不動産は時価で評価をします。

ということは，3年経過後は変わるってことなの？

はい，不動産を取得してから**3年経過後は評価方法が，時価評価から相続税評価に変わります。**

相続税評価とは土地の場合は，**路線価**で評価することです。

路線価は一般に時価×80％と言われていますので，20％分の評価が減ることになります。

> 土地取得時の評価………………… 時価
> 土地取得から3年後の評価……路線価 （ 時価×80％ ）

◆法人が土地を取得した場合の相続税評価額

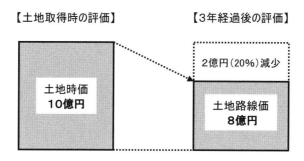

【土地取得時の評価】　　　　　　【3年経過後の評価】

土地時価 **10億円**

2億円(20％)減少

土地路線価 **8億円**

前頁の図をご覧ください。会社が土地を取得した場合の時価が10億円です。

これが3年経過後は，路線価の評価で時価の80％である8億円の評価になり，土地の評価が2億円分減ったことになります。

評価が下がるって，損じゃないの？　なんか土地が目減りしたみたいだね。

いいえ，これはあくまでも評価方法の違いを利用した株価の対策で，本当の意味で価値が目減りしたわけではありません。

このケースでは3年経過後も時価が10億円であることを前提としていますから，10億円で売れる状況にあれば損ではありません。

なるほど，**10億円の価値はあるけど，株価を計算する上では，8掛けの8億円の評価に下がった**というだけだね。

そのとおりです。ただ，ご注意いただきたいのは，この方法は，**時価＞路線価であることを前提**としています。地域によって，また時期によっては，路線価＞時価のケースもあり，その場合にはこの方法では株価は下がりませんので注意が必要です。

土地を買う前に確認が必要だし，その後の地価の動向も考えないとね。

はい。それが株価対策の難しいところです。

次は建物の評価ですが，これも同様の考え方です。

建物の評価は取得した時は時価ですが，３年経過後は評価方法が時価から固定資産税評価額になります。

固定資産税評価額は時価の70％程度といわれているので，建物の取得から３年経過後は30％程度，評価が減少することになります。

> 建物の取得時………………　時価
> 建物取得から３年経過後…固定資産税評価額（時価×70％）

なお，タワーマンションなどは，時価と固定資産税評価額の差額が大きい場合がありますので，時価の70％というのは目安と考えてください。

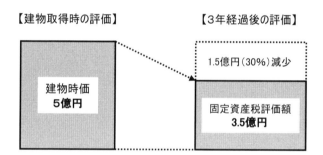

【建物取得時の評価】　　　　【３年経過後の評価】

建物時価　5億円

1.5億円（30％）減少

固定資産税評価額　3.5億円

◆会社が建物を取得した場合の相続税評価額

上の図をご覧ください。会社が建物を取得した場合の時価が５億円です。

これが３年経過後は，固定資産税評価額で時価の70％である3.5億円の評価になり，1.5億円分，建物の評価が減ったことになります。

具体的な事例を次頁の貸借対照表の図解でご覧ください。

【事例１】

・資産30億円，負債20億円，純資産10億円の会社があります。

・土地10億円，建物５億円を15億円借入して購入します。

　⇨３年経過後の効果

・土地は時価から路線価評価となり，評価額は10億円から８億円に下がります。（△２億円）

・建物は時価から固定資産税評価額に変わり５億円から3.5億円に下がります。（△1.5億円）

・借入は，実際には返済がありますが，ここでは返済がないとしたら，資

① 【スタート時点】

資産		負債	
	30億円		20億円
		純資産	
			10億円
合計	30億円	合計	30億円

② 【土地・建物取得時】

資産		負債	
	30億円		20億円
土地	10億円	借入	15億円
建物	5億円		
		純資産	
			10億円
合計	45億円	合計	45億円

▶土地・建物15億円を新規借入15億円で購入
　純資産額は変化なし。

③ 【土地・建物取得から３年経過後】

資産		負債	
	30億円		20億円
土地	8億円	借入	15億円
建物	3.5億円		
		純資産	
			6.5億円 （△3.5億円）
合計	41.5億円	合計	41.5億円

▶土地の評価額　10億円×80％＝８億円（△２億円）
▶建物の評価額　５億円×70％＝3.5億円（△1.5億円）
▶純資産額　10億円－（２億円＋1.5億円）＝6.5億円（△3.5億円）

産は減少し負債は減少しないので，純資産価額は3.5億円減少するということになります。

15億円の不動産を買って，3.5億円の引き下げか。期待していたよりも評価の下がり方が小さいね。

20％から30％の評価減ですから，そうお感じになるかもしれませんね。

この方法で投資額を大きくすると効果も大きくなります。ただ，これはあくまでも計算上の話であって，投資額が大きくなると，不動産下落のリスクも大きくなりますのでご検討が必要です。

◆不動産を賃貸にした場合に株価が下がる効果

それでは，投資額を増やすのではなく，買った不動産を賃貸にした場合の株価対策の効果についてご説明します。

なんだ，そんな方法もあるんだね。

はい。不動産というのは自分で使っている場合と賃貸した場合では，賃貸した場合の評価のほうが低くなることを利用した対策です。

他人に貸している時には自由にならないので，不動産評価額は低いと考えていただくとわかりやすいでしょう。

なるほどね。他人に不動産を貸したら評価額が下がるなんて知らなかったよ。

他人に貸した時の建物を**貸家**，土地を**貸家建付地**と言います。

まず貸家の評価についての計算式をご覧ください。

貸家の評価額は，自用物件の価額から借家権割合をマイナスしたもので，**借家権割合は全国一律30％**ですので，貸家にすると，自用よりも評価が30％減少することになります。

【貸家の相続税評価】

自用家屋の評価　　　　固定資産税価額

貸家の評価　　　　　　自用家屋×（1－借家権割合30％）

⇨**つまり貸家の評価は固定資産税価額×70％**

今度は貸家の底地である，貸家建付地の評価についてご説明します。

自用地の評価は，路線価に土地の面積を掛けたものです。

そして，貸家建付地は，**自用地評価から，借地権割合×借家権割合分をマイナス**します。仮に借地権割合が60％の土地であれば，60％×借家権割合30％＝18％の評価減ということになります。

【貸家建付地の相続税評価】

自用地の評価　　　　路線価×地積

貸家建付地　　　　　自用地×（1－借地権割合×借家権割合30％）

⇨仮に借地権割合が60％だとすると，上記算式は，**自用地×（1－借地権割合60％×借家権割合30％）**となり，つまり**自用地×82％**となります。

これについても，次の貸借対照表の図解をご確認ください。

【事例2】

　事例1で取得した不動産を，賃貸した場合に不動産の評価額が減少する状況についてご説明します。借地権割合は，60％とします。

　貸借対照表は，事例1の③の図からスタートします。

■事例1③の図

【土地・建物取得から3年経過後】

資産		負債	
	30億円		20億円
土地	8億円	借入	15億円
建物	3.5億円		
		純資産	
			6.5億円
合計	41.5億円	合計	41.5億円

【土地・建物を賃貸した場合】

資産		負債	
	30億円		20億円
土地	6.56億円	借入	15億円
建物	2.45億円		
		純資産	
			4億円
合計	39億円	合計	39億円

（事例1からの通算△6億円）

▶土地の評価額　8億円×82％＝6.56億円
▶建物の評価額　3.5億円×70％＝2.45億円
▶純資産額（通算）　4億円－10億円＝△6億円

　事例1で取得した不動産を貸家にした場合には，土地は自用地から貸家建付地の評価になり，今回のケースでは自用地8億円の約82％で6.56億円となります。

　建物は自用家屋から固定資産税の評価になり，今回のケースでは自用家屋3.5億円の70％の2.45億円になります。

　その結果，純資産価額は事例1の10億円から4億円となり，通算6億円の減少になります。

　なるほど。それで，**不動産の時価が3年後に路線価や固定資産税価額に下がる効果と，不動産を賃貸にすることで評価が下がる効果は合計していい**ということなんだね。

それだと，効果は大きいね。

はい，これなら株価対策をしたという実感が湧くのではないで
しょうか。

◆不動産取得による株価対策のデメリット

不動産の取得による株価対策のメリットはおわかりいただけたと
思いますが，デメリットについてご説明します。

なんでもメリットばかりではないよね。

第一に，不動産には価格が下落するリスクがあるということです。
今までご説明したような不動産を取得した結果，株価が下がる方
法はあくまでも評価上の話で，実勢価額が下がっているわけでは
ありません。
しかし，不動産の実勢価額が下がってしまうことも考えてくださ
い。

たしかに，株価が下がって喜んでいても，不動産の価額そのもの
が下落してしまったら本末転倒だよね。
不動産価値が上がるか下がるかは誰にもわからないしね。

第二に，不動産の評価が下がるのは，不動産取得から3年経過後
なので，それ以前には効果がないということにも注意が必要です。

じゃあ，不動産を買ってから3年は頑張って元気に生きていないといけないね。

株価対策に限らず，長生きしてくださいね。

第三には，その不動産は事業に本当に必要なものなのかということです。

株価対策のためだけに不動産を取得されて，それが次世代にとって必要ではない場合，その投資が経営上のネックになることもありえます。

株価対策に有効という謳い文句で，不動産をセールスしているという業者もいるようです。

それらの中には，不動産購入後，数年経過しないと売却できないものもあり，もしも急激な不動産の下落があっても，対応ができないというリスクもあります。

そうだね。不動産の取得は株価対策に有効なことはわかったけど，デメリットについても十分検証して実行することにするよ。

- 不動産の取得による純資産価額方式の株価が下がる要因
  - ☞不動産を取得して3年経過後は，不動産の評価が**時価**から**相続税評価額**に変更になるため
  - ☞不動産を賃貸にすると，**貸家・貸家建付地**の評価に変更になるため
- ただし，不動産の実勢価額が下落リスクもあり，注意が必要

Q40　中小企業投資育成株式会社の出資による株価対策
〜純資産価額対策〜

中小企業投資育成株式会社が株主になると株価が下がると聞きましたが，なぜでしょうか？

Answer

■中小企業投資育成株式会社が出資をする場合の1株当たりの単価は通達（法人税の個別通達）に定められています。

その単価は一般的に，出資対象企業の類似業種比準価額や純資産価額より低い水準になることが多いものです。

■中小企業投資育成株式会社の出資により，出資対象企業の**発行済株式総数が増えます**が，**払い込まれる金額**は，出資対象企業の現在の**1株当たりの株価よりも小さい**ので，株価は下がるという仕組みです。

中小企業投資育成株式会社（以下「中小企業投資育成」）につきましては，Q24でご説明しました。

たしか，中小企業投資育成は安定株主対策に有効という話だったよね？

そのとおりです。ただ今度は，安定株主対策の話ではなく，株価対策の話です。

中小企業投資育成が出資をした場合，その結果として，株価（純資産価額）が下がるということをご説明します。

安定株主であって，株価引下げ効果もあるなんて，中小企業投資育成ってすごい会社だね。

では，まず，中小企業投資育成の説明の前に，1株当たりの純資産額について確認しましょう。

■1株当たりの純資産額

$$\frac{純資産額}{発行済株式総数}$$

 1株当たりの純資産額だから，純資産額を発行済株式総数で割ると……。まあそうだよね。

 はい。この計算式の結果，1株が50,000円だったとします。そして中小企業投資育成が500円で出資したら，1株当たりの純資産額はどうなるでしょうか？

 そうだね。株数は増えるけど，払い込まれる金額は今の1株当たりの単価より安いってことは，ええと……分母の増え方に比べて，分子の増え方が少ないから，1株当たりの純資産額は減るってことだね。

 正解です。
1株当たりの純資産額が減るというのは，純資産価額方式の株価が下がるということです。

なるほど，でも中小企業投資育成って，そんなに安い値段で株を買う会社なの？　どういうこと？

中小企業投資育成が投資する際の1株当たりの金額は，法人税の個別通達に記載されています。

自由に値段を決められるわけではないんだね。

はい。この計算式の結果，どうなるかということですが，中小企業投資育成が出資する場合の価額は，社長が持っている自社株を計算する時の類似業種比準価額や純資産価額よりも大幅に低く，イメージとしては，配当還元価額（**Q31**）のように小さい金額になることが多いということです。
計算式は覚えていただく必要はありませんが，念のため以下に記載しました。

中小企業投資育成株式会社が出資するときの計算式
（1）評価額＝（1株当たりの予想純利益×配当性向）÷期待利回り
（2）（1）の算式に基づいて算出した価額を基準とするが，相手方と協議の上，当該算式に基づいて算出された価額の上下10％を限度とした価額で売買することを妨げない。

配当還元価額って，従業員持株会とか少数の株主が株式を買う時の安い価額のことだよね。通達にはそんな低い水準に定められているんだね。

そうです。

中小企業投資育成に対して自社株を今の株価よりも安い価額で発行するということについて，社長はどう感じられますか？

なんで安売りしなくちゃいけないのかな。ずいぶんと損な気がするね。

そうですよね。社長がお持ちの株を今の価額よりも低い価額で売るということは損だという考え方は間違いではありません。

ただ，**今お困りなのは株価が高いということですよね。**

株価が高くて，後継者に株式を渡す時の資金負担（税金・買取資金調達）があるから株価対策を検討していることを思い出してみてください。

そうだったね，中小企業投資育成に低い値段で発行しても，株価が下がるからいいという考え方もあるんだよね。

はい，社長が持っている株式の価額が高いのは，業績がいいことを反映しているので，大変喜ばしいことです。

中小企業投資育成の出資で社長の自社株という財産の評価が減るというデメリットがある反面，後継者の資金負担が減るというメリットがあれば，損ではないという考え方もあるのではありませんか？

そうだよね。自社株の評価が下がると言っても，手元の現金が減るのとは違うよね。

株価対策もいろいろな方法がありますが，不動産を買って株価対策をする場合には大きな資金とリスクが伴います。

中小企業投資育成の出資のように，自己資金を使わずに株価を下げられるというのは，リスクが小さい方法ではないでしょうか？

 そうだね。ただ，実際に株価がどの程度下がるのか教えてもらえるかな。

◆中小企業投資育成の出資による株価引下げのイメージ

 では，中小企業投資育成が株式を取得した場合の株価引下げを具体例でご説明します。

＜前提＞

A社は社長の出資100％の会社でしたが，中小企業投資育成の出資後には社長70％，中小企業投資育成30％の持株シェアの会社になります。

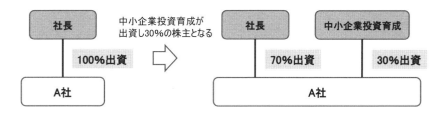

もともと，A社は次のように，純資産の1株当たり単価は，6,000円でした。

■現状

純資産価額①	600百万円
発行済株式総数②	10万株
1株当たり単価	**6,000円**

 次に，中小企業投資育成に43,000株を1株500円で発行します。そうすると，出資総額は4.3万株×500円＝21.5百万円となります。ここまでよろしいでしょうか？

■中小企業投資育成による出資内容

発行済株式数③	4.3万株
1株当たり価額	**500円**
出資総額④	21.5百万円

 大丈夫。

 それでは，中小企業投資育成の出資後の純資産額の1株当たり単価がいくらになるのかというと，次のような計算になります。

■株価の変化

> ▶純資産額（①＋④）
> 　600百万円＋21.5百万円＝621.5百万円
> ▶発行済株式総数（②＋③）
> 　10万株＋4.3万株＝14.3万株
> ▶中小企業投資育成出資後の1株当たり単価
> 　621.5百万円÷14.3万株
> 　≒4,346円

つまり，純資産の1株当たり単価は，6,000円から約4,346円に下がりました。

なるほどね。約28％下落したってことだね。これは大きいね。

はい，効果も大きいですし，なによりもこの株価対策のメリットは，**会社の自己資金を全く使っていない**ということです。
そして，経営者が何代にもわたって自社株を承継していく株式のシェアは100％から70％に減少して，相続税や贈与税の課税対象になる株式シェアが減ったので，今後自社株を引き継ぐ人の資金負担が30％の株式分，減少したということです。

何世代にもわたると大きい差になるね。

ただし，株価対策に効果があるといっても，第三者が株主になり，経営に意見を言う可能性があることはQ24でもご説明したとおりです。

了解。次世代以降，同族経営が続くのかわからないけど，今のところ第三者である中小企業投資育成の出資が30％というのは，ちょっと大きいような気もするね。

これはあくまでも株価対策の計算例ですので，持株シェアについて，まずご検討いただくことが先決です。

社内でも検討するとともに，そもそもウチに出資してくれるかどうか，中小企業投資育成に相談に行ってみるよ。

・中小企業投資育成が出資する際の価額は低水準のため，投資育成の出資は，純資産価額方式の株価が下がる要因になります。
・ただし，中小企業投資育成は，あくまでも第三者の株主であり，経営への関与がないわけではありません。

▷自社株を渡す方法の検討

Q41　株式を渡す方法

私の株を渡すのにはどんな選択肢がありますか？

> **Answer**
> ■個人に渡す方法として，**相続・贈与・譲渡**を検討できます。
> ■法人に渡す方法として，**譲渡**を検討できます。
> 　さらに法人の場合にはその会社本体が買うのか，持株会社など別法人が買うのかという選択肢があります。
> ■自社株を承継する人は，相続税・贈与税や自社株買取資金を負担する必要があるので，その資金を準備できるのかを検討する必要があります。

さて，実際に株式を渡す方法を整理してみましょう。

まず，社長が自社株を渡す相手が**個人**であるか**法人**であるのかという選択肢があります。

個人に渡す方法からご説明しましょう。

パターンが多いみたいだね。

個人に渡す方法としては，**相続・贈与・譲渡**の３つです。

わかりやすく言うと「**亡くなって渡す**」のと「**あげる**」のと「**売る**」の３つだね。

そうです。
自社株を引き継ぐ人は，この3つの方法のどれでも，資金の負担が必要です。

うん，タダで自社株はもらえないんだよね。

ですので，自社株を引き継ぐ人が，その資金負担が可能かどうかを検討して，可能であれば，実現もできるということです。

■個人に渡す

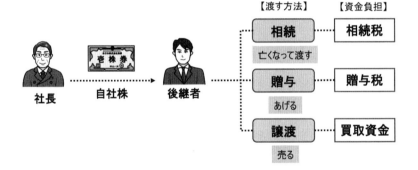

◆相続

では，相続です。これは一番イメージしやすいと思いますが，社長が亡くなって自社株を相続する人が相続税を払えるかということです。
納税資金を支払う原資としては，次の①〜③が考えられます。

① 相続人の自己資金

② 相続した金融資産

③ 相続した金融資産以外の財産（不動産・自社株等）を売却

そうか。たぶん①の相続人の自己資金は可能性が低いね。それから，私はあまり金融資産を持っていないから相続税を納めるのには，足りないね。だから②も無理だね。

結局，③の金融資産以外の相続財産（不動産・自社株等）を売却するってことになると思うよ。

株価の低い会社であれば，相続した金融資産から納税できるかもしれないので，②の可能性もありますが，御社の場合には，おそらく金融資産以外の財産を売却して納税するという③を選択することになるでしょう。

そして，会社が買う場合には御社が買うのか，持株会社が買うのかということを考える必要がありますが，これは別途Q42，Q43，Q45でご説明します。

なるほどね。第三者に売るのは難しいし，嫌だから自分の会社が買い取るってことになりそうだね。

◆贈　与

贈与については，自社株を手にする人が贈与税を納税できるかということがポイントです。

贈与を受ける人は，相続のように他の相続財産を受け取っていないので，売却して資金を捻出することはできません。

つまり，自己資金での納税を考えることになりますので，株価の高い会社の場合には，贈与で自社株を渡すことは実現可能性が低いと考えてください。

そうだね。贈与税は高いしね。

◆譲　渡

次は，個人に譲渡（売る）という方法です。
これについては，個人が株式を買い取ることができるかということがポイントです。

株価が高かったら，個人が買い取れる資金はもちろんないから，借入をするってことかな？　個人に貸してもらえるのかな？

借入できるかどうかは，金融機関の判断によりますが，借入が可能かどうかということは，返済が可能かどうかということです。
これを考えてみましょう。
もし，株価が低い会社の場合には金融機関から借入をして，返済原資は役員報酬を増やして対応できるかもしれません。
ただし，増加した役員報酬に対する個人の所得税は最高税率45％，住民税は10％と負担が大きいです。

大まかに言うと，半分くらい税金ってことだよね。

そうです。これは，会社が後継者に払った金額の約半分しか返済に充当されないということですので，効率のいい方法ではありません。

でも，知り合いの会社では後継者が返済資金を金融機関から借入をしたケースがあるんだけどなぁ。

その会社は株価が低いか，株式を取得するシェアが小さいので，借入金額が少なかったのかもしれません。
もしくは，後継者が金融機関ではなく，自分の会社から借入をして，元本は返済せず金利のみ支払っているのかもしれません。
ただし，これも借入の元本が大きくなると利払いだけでも大変になります。

たしかに利息の支払いだけだったら可能な場合もあるんだろうけど，ウチの会社は株価が高いので，利息だけ払うこの方法でも無理だろうね。
それから，利払いだけなら可能だったとしても，それだとずっと返済できないから困らないかな？

そうですね。元本の返済は，社長の相続が発生したタイミングで可能になるかもしれません。
例えば，後継者が社長の財産をご相続され，その中の金融資産等で一部返済することは可能かもしれないからです。

なるほど，いずれにしても後継者が個人で借入をして自社株を買い取る方法は，株価が低い会社とか持株シェアが小さい場合にしか実現できなさそうだね。

■法人に渡す

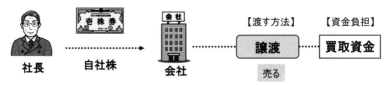

◆法人への譲渡

それでは次に，法人に渡す方法を考えてみましょう。
法人が相続することはありませんので，法人に渡す方法の選択肢は**譲渡**（売る）です。

そうだね。

法人が買う場合には，自社株を発行している法人本体が買う（金庫株），もしくは，持株会社などの関連会社が買うという選択肢があります。
いずれにしても，法人の場合には，借入や返済が個人の場合と比較して，検討は容易です。

そうだね。借入の担保もあるし，事業収入から借入の返済はできるしね。

ただ，法人本体が買う場合の金庫株，持株会社が買うという方法は各々メリット・デメリットがありますので，それについての検証が必要です。

金庫株の場合にはQ45，持株会社の場合にはQ42，Q43をご参照ください。

わかった，確認してみるよ。

【自社株を渡す方法と資金調達】

・個人に渡す場合，法人に渡す場合のいずれの方法でも，受け取る側が相続税や贈与税，自社株の買取資金を負担できるどうかを検討する必要があります。

Q42 持株会社の活用①

持株会社による自社株買取りのポイントを教えてください。

Answer

■社長が所有する自社株の評価額が高い場合には，通常は後継者個人の自己
資金で買い取ることはできず，また個人が銀行から借入することも返済資
金調達の観点で難しいと考えられます（Q41ご参照）。

■持株会社が一定の持株シェアを有している場合，事業会社本体からの**配当
を課税されずに受け取ることができる**ため（受取配当金の益金不算入），
それを借入の返済に充当することが可能です。

それが，持株会社が自社株買取の際によく利用される理由のひとつです。

Q41では社長が後継者に自社株を渡す時に後継者個人では資金負
担ができないために，法人に自社株を売る方法があるというご説
明をしました。

自社株を売る相手の法人というのは，株式を発行している事業会
社本体の場合と持株会社というケースがありますが，ここでは持
株会社について検討します。

最近，後継者が出資する持株会社を設立して株式を譲渡しましょ
うという提案が多いんだよね。

新しく作った会社に自社株を買う資金はないから買い取れない
じゃないかって言うと，融資しますから大丈夫ですよって言うん
だよ。

持株会社だって借入とか返済とか大変じゃない？

はい。ただ，持株会社の場合には個人と違い，返済原資を確保しやすい方法があります。

持株会社が事業会社本体からの配当で返済するのがその重要なポイントです。

＜持株会社が自社株を買い取る方法＞

① 後継者が出資する持株会社を設立します。

② 持株会社は社長が所有する自社株の購入資金を金融機関から借入をします。

③ 持株会社は②で借入した資金を支払って，社長が所有している自社株を購入します。

④ 持株会社は，借入の返済原資としてＡ社から配当を受けます。

⑤ 持株会社は④の資金で金融機関の借入を返済します。

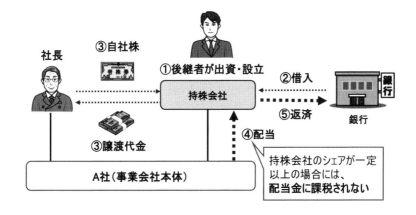

　受け取った配当が課税されないから，配当全額を銀行に返済をするんだ。なんで課税されないの？

受取配当金の益金不算入(※) という規定があります。

わかりやすく言いますと，持株会社が事業会社の株式について，ある一定以上のシェアを持っていた場合には，その配当については，課税されることなく受け取ることができるということです。

※受取配当金の益金不算入とは

　法人が他の法人から配当を受けた場合には，その受取配当等の額の全部または一部は，課税所得の計算上，益金に算入しないこととされています。

　益金に算入しないとは，**事業会社が持株会社に配当した場合に，一定の条件を満たせば，その配当には課税されない**ということです。

持株会社が事業会社の 株式を保有する割合	受取配当等の益金不算入額
100%	受取配当金×100%
3分の1超	受取配当金－負債利子額
5%超　3分の1以下	受取配当金×50%
5%以下	受取配当金×20%

(☞別途，株式の保有期間の要件もありますが，説明が複雑になりますので，省略します)

 ええと，持株会社が事業会社本体の株を100％も持っていたら，受け取る配当金の100％が益金不算入……つまり税金がかからないってこと？

 はい，そうです。そして，持株会社のシェアが5％以下でも，配当金の20％が益金不算入になります。

なんで，そういう仕組みがあるの？　個人の場合にはどうなるの？

この規定は配当を支払う会社は，配当の支払原資に対してすでに法人税が課税されているので，受取配当に課税されると法人税の二重課税になることを排除する目的として設けられたものです。個人の場合には，この受取配当金の益金不算入の適用はないので**総合課税（実効税率で最高約50％弱）**です。
また配当ではなく，返済原資を役員報酬で受け取る場合にも給与所得として課税されます。

そうだったね。個人の場合には約半分が税金だから，みんなが持株会社を作りましょうって提案してくるのはそういう理由なんだね。

それがすべてではないですが，そういう理由があると思います。ともかく，このように返済の仕組みが構築できるので，社長が自社株を法人に渡すというケースでは，この持株会社が買い取る方法で対応できますし，社長から相続で自社株を受け取った人が，相続税の納税資金を捻出するために，持株会社に売るという方法も実現可能です。

でもいい話ばかりじゃないよね。

持株会社の活用には，今回ご説明したようなこと以外のメリット
もありますし，当然デメリットもありますので，その点につきま
しては次の**Q43**でご説明します。

> 持株会社が配当を受け取る場合，一定の条件を
> 満たせば，その配当に課税されません（受取配
> 当金の益金不算入）。
> その制度の適用を受けると，持株会社は効率よ
> く，返済原資を確保できます。

Q43　持株会社の活用②

持株会社活用のメリット・デメリットを教えてもらえますか？

Answer

■持株会社活用のメリット

① 　社長が自社株を後継者出資の持株会社に渡した場合，**社長自身が選んだ後継者に確実に株式を渡すことができる。**

② 　社長が自社株を持株会社に渡した後，**株価が上昇しても社長の財産は増えない**（代わりに後継者が所有する自社株の価額が上昇し後継者の財産が増える）。

③ 　社長が自社株を持株会社に売った場合，社長の財産において金融資産の割合を増やし，**相続税の納税資金の確保が可能**になる。

■持株会社活用のデメリット

① 　トータルで税金の負担が多くなることがある。

　　持株会社に自社株を譲渡した時の**譲渡益**に**課税**が生じ，譲渡代金が相続財産になった後，**相続税**がかかる。

② 　持株会社が社長の自社株を取得した後には，「株式保有特定会社」（Q33）に該当する可能性が高く，今回ではなく次世代以降の事業承継の際に株価対策を検討する必要がある。

③ 　持株会社を設立する時の司法書士の費用や決算時の税理士報酬など一定のコストがかかる。

　　持株会社が自社株を買い取る場合，個人と比較して返済が容易であることをQ42でご説明しました。ここでは，それ以外のメリットとデメリットについてご説明します。

◆持株会社活用のメリット

 メリットからご説明します。

第一に，社長自身が選んだ後継者に確実に自社株を渡すことがで きることです。相続では，社長のご希望どおりに自社株を渡せる かどうかわかりません。

社長が自社株を託したいと考えている後継者に確実に渡すために は，生前に渡さなくてはなりません。

社長自身が選んだ後継者が出資する持株会社を設立して，その持 株会社が社長の自社株を買うことで，確実に渡せます。

 死ぬまで，自社株を持っていたら，遺産分割で子供たちが揉める かもしれないから，事前に持株会社に譲渡するってことだね。

 はい，そうです。

そして第二に，持株会社に株式を譲渡した後は**株価が上昇しても 社長の財産は増えないので相続対策上のメリットがある**というこ とです。

社長が自社株を保有したままで会社の株価が上昇した場合には， 社長の個人財産つまり将来の相続財産が増えることになります。

しかし，後継者が出資する持株会社に自社株を譲渡した後は，株 価が上昇しても，それは後継者が持っている自社株の財産が増え るだけです。

持株会社に自社株を譲渡することで，**社長の財産は自社株から現 金に変わっているので，株価が上がっても社長の財産は増えませ ん。**

持株会社に自社株を売って，私の個人財産の評価を固定するということだね。

そうです。

ただ，その場合には**会社に対する支配権を失う**ことになりますので，一度に全部売るのがいいのかどうかなどについては，別途ご検討ください。

なるほど，後継者に会社の経営を任せていいと考えるタイミングと自社株の評価が上がるかもしれない状況のバランスを考える必要があるね。

第三に，自社株を持株会社に譲渡することで，社長の財産において金融資産の占める割合が増えて相続税の納税資金の確保がしやすくなります。

このご説明は，Q5，Q6に記載しましたのでご確認ください。

◆持株会社活用のデメリット

持株会社活用のデメリットについて説明します。

第一に，自社株を相続で渡すことと比較すると，持株会社に譲渡したほうが税金の負担が大きいことがあるということです。

社長が自社株を譲渡した時には，その譲渡益に20％の課税が発生し，社長が受け取った自社株の譲渡代金には相続発生時に相続税が最高税率で55％かかります。

つまり，自社株を売った時に税金を納め，売った現金について相続時にまた税金を納めることになります。

1つの財産に2回も税金を払うんだね。税金だけ考えるともったいないね。

 はい。税金の観点だけで考えてはいけませんが，このデメリットを考える場合に，社長の年齢は重要な要素です。

■持株会社に自社株を譲渡

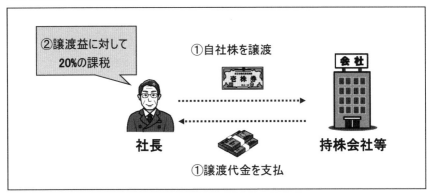

■現金（上記譲渡代金）を相続

【このデメリットを考えるための事例】

・会長90歳と高齢。自社株を売るという判断能力はある。

・会長の持株シェアは100％。

・子供は１人で，その子供が後継者としてすでに社長に就任。

・相続人関係は良好で相続争いの心配はなし。

　☞会長の年齢から考えて，一般的には相続発生までに大幅に株価が上昇する可能性は低い。

　一人息子がすでに社長に就任しており，また遺産分割で揉める心配もなし。

　したがって，生前に，持株会社に自社株を譲渡して譲渡と相続の２回税金を払うよりも，相続で自社株を渡すほうが資金負担が小さい可能性があります。

相続時期が近いなら，あえて持株会社に譲渡しなければ，相続税を１回払うだけでいいというのが重要なポイントだね。

でも，相続が近くても，遺産分割で揉めそうなら，税金はかかっても譲渡したほうがいいと思うね。

はい。その考え方で良いです。

なお，相続税が払えない場合には，相続人は別途資金調達をする必要があります。その際，自社株や不動産などの資産を売却することになり，それには，別途税金がかかります。つまり，実行に際しては詳細なシミュレーションが必要になります。

そうだね。計算は税理士に依頼するとして，**税金の負担と後継者に確実に株式を渡すことの重要性を比較検討**することが大切だね。

了解。ほかには？

第二のデメリットですが，自社株を買った持株会社は一般の会社と比較して株価が高くなるということです。

どういうことだっけ？

Q33でご説明した「株式保有特定会社」のことです。

新しく設立した持株会社は，自社株を買った時点では，資産のほとんどが株式ばかりなので，通常は株式保有特定会社に該当します。

そうすると，社長のご子息が次の世代に事業承継をする場合には，株価対策について検討する必要が出てくるということです。ただ，ご子息が次の世代に承継する際の話ですから，対策をする時間も長いので，過度に心配する必要はないと思いますが。

なるほどね。何か1つのことを実行すると，将来にわたって，いろいろなことに影響するんだね。

最後に第三のデメリットですが，持株会社を設立する時の司法書士の費用や決算時の税理士報酬など一定のコストがかかります。

そうだよね。あと社内でも事務的なことを担当する人が最低でも必要になるしね。

メリット・デメリットについていろいろわかったけど，確実に後継者に自社株を渡すことが私にとっては最も重要だと思うよ。

持株会社活用は，さまざまなメリット・デメリットがあり，総合的に検証することが必要です。

Q44 自社株現金化の目的とは

後継者（会社）に自社株を譲渡して大金を受け取ることは，後継者に負担をかけてしまうので気が進みません。どのように考えたらよいでしょうか？

Answer

■社長の財産を増やすために，自社株を売って現金化するのではありません。自社株を売る目的は，次のとおりです。
① 自社株を**確実に後継者に渡す**こと
② 自社株を売った代金で，相続人が**相続税の納税資金や遺産分割を容易にする資金**に活用すること

■自社株の売却資金が，相続のための資金や社長自身がお使いになる資金としても余りある場合には，**会社に貸し付ける**などして，後継者の負担を軽くすることも可能です。

実は，私が持っている自社株の評価は億円単位らしいんだよ。

持株会社が買うと言っても，借入だし，会社や後継者に負担をかけてしまうね。

私自身はリタイアした後，ちょっと余裕がある生活ができれば十分だから，億円単位の資金なんて必要ないんだけど，どう考えたらいいんだろうね。

まず，目線を変える必要があります。

自社株を後継者（会社）に売ることは，社長が現金を得ることが目的なのではありません。

社長が後継者に自社株を渡すという目的があり，その目的を果た

すためには，後継者（会社）が社長にお金を払う必要が生ずるということです。

そうだね。後継者に自社株を渡すことが優先事項だよね。

そうです。相続で渡そうと考えても，相続人が複数いる場合には，後継者に確実に自社株を渡すことができない可能性があります。
社長の夢を託したい後継者に自社株を渡すことが優先です。
そして，もう１つの目的があります。
それは，社長の財産の資産構成によっては，自社株を現金化する必要性があるということです。

私の財産の資産構成によっては，って，なんの話だい？

一般的に社長の財産の内訳は，自社株と不動産が大半で，金融資産はそれほど多くないというケースが多いものです。
金融資産が少ない状況で社長が亡くなられると，相続人の方は，相続税を納められなかったり，相続財産をみんなで均等に分けられないということをQ6でご説明しました。

そうだったね。
それで，自社株を売って現金にすると相続税の納税ができて，また遺産分割がスムーズということだったよね。

はい。まずは売ったお金も含めて，相続税がいくらかかって，相続人にどのように財産を残すのかということを，お考えください。その上で，社長が楽しく暮らす資金を考えても，まだ，余裕がある場合には，余った資金を会社に貸し付けることもご検討ください。

 退職金もあるから，多分使いきれないよね。会社が自社株を買って私にお金を払ったのに，その資金をまた会社に貸し付けるってどういうこと？

 例えば，持株会社が社長の自社株を買う時に銀行から借入をしている場合（下図①），社長が持株会社に対して自社株の譲渡代金の一部を貸し付け（②），持株会社は銀行に借入を返済します（③）。

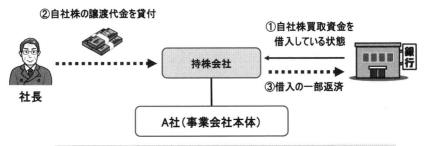

①持株会社は社長から自社株を買い取る際の資金を銀行から借り入れている状況
②社長は自社株を譲渡した資金を、持株会社に貸し付けます。
③持株会社は社長から借り入れた資金（②）で銀行借入の一部を返済します。

 そうすると，持株会社は銀行にだけでなく，社長にも借入の約定返済（次図⑤）をすることになります。

この場合，銀行借入よりも社長からの借入金の返済期間を長期にすると資金繰りの負担が軽減されます。

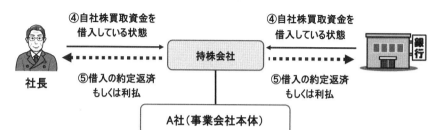

④持株会社は社長と銀行から借入をしている状態です。
⑤持株会社は借入の約定返済をします。この際、社長からの借入金に対する返済期間が
　銀行借入よりも長期間であれば、資金繰りが楽になります。
　また社長からの借入については、当面利払のみという選択も可能です。

了解。自社株を現金にして私が大金をもらうことは，私のためだけではなく，会社や子供たちにとって有効ということだね。
そういうふうに考えてみることにするよ。

・自社株を後継者に売って現金化することは，社長のリタイア後の資金を作ることが目的ではありません。
・自社株を確実に後継者に渡すこと，相続人の納税資金や遺産分割に充当してもらうことが重要な目的です。
・それを考えてもお金に余裕があれば，持株会社に貸し付けることを検討しましょう。

Q45 金庫株の活用

自社株を持株会社が買い取る方法以外に，会社本体が買い取る金庫株という方法があると思いますが，この方法はどうなんでしょう？

Answer

■金庫株とは，自己株式のことをいいます。会社が株主から自社株を買い取り，金庫に保管しているイメージから「金庫株」と呼ばれています。

　社長が所有している全株式を金庫株にした場合，社長の自社株はなくなりますが，後継者に自社株を渡すということは実現できません。別途，後継者に対して新株発行の手続が必要です。

■株主にとって，持株会社に自社株を売ることと比較して，金庫株の場合には，売主の税金の負担が大きくなります。

　社長から自社株を金庫株買いした場合，その自社株の譲渡代金の一部は配当とみなされ，総合課税（**実効税率で最高約50%弱**）の対象になります。これは，持株会社に譲渡した時の**譲渡益に対する課税20%**よりも不利になります。

■金庫株買いを実施すると**株主のシェアが変化**し，他の株主との勢力図が変わるので，この影響を考慮する必要があります。

 持株会社に自社株を売る方法はわかったんだけど，あらたに会社を作ることは費用もかかるし，ウチの持株会社が銀行からの提案書に書いてあるように，○○ホールディングスって言われてもピンとこないんだよね。

会社が私の自社株を買い取ったら簡単なんじゃないかな。どうだろう？

持株会社に社長の自社株を売るという目的の1つは，確実に後継者に自社株を渡すことです。

金庫株買いを実行すると，社長の自社株はなくなりますが，それだけでは後継者が株式を取得していないので，後継者は別途株式を買う必要があります。

これは株主総会で新株発行の手続が必要なので，もし反対する株主がいたら，そんなに簡単ではありません。

そうか。私の自社株をなくすだけじゃだめなんだよね。

さらに，税金の観点でも考えなければならない点があります。

それは，自社株を事業会社本体に譲渡した際に株式の譲渡代金のうち，資本金等の部分を超える金額は配当とみなされ，税金がかかることです。これを，みなし配当課税といい，総合課税（**実効税率で最高約50%**）の対象となります。

総合課税で約50%って高いよね。

税金だけ考えたら，持株会社に売って，20%の税金の方がいいよね。

そうですね。やはり金庫株は売る方の税負担が多く，資金負担をする会社全体でみても効率が良くありません。ただ，持株会社が買えるかどうかの検討は必要です。

【金庫株の場合】

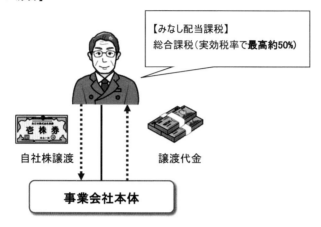

【みなし配当課税】
総合課税（実効税率で**最高約50%**）

自社株譲渡　　　　譲渡代金

事業会社本体

【持株会社に自社株を譲渡する場合】

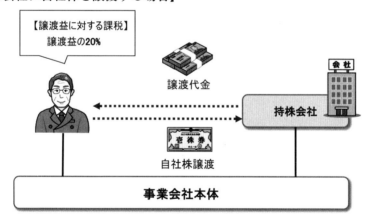

【譲渡益に対する課税】
譲渡益の**20%**

譲渡代金

会社

持株会社

自社株譲渡

事業会社本体

また，もう1つの問題としては，金庫株を実施するということは，株主のシェアが変わるということです。

社長の自社株が金庫株買いによりなくなるため，相対的に他の株主のシェアが増えることになります。

相対的に，他の株主のシェアが増えるって？

 事例で解説しますので次の図をご覧ください。

まず金庫株実施前の持株シェアは社長70％，社長夫人５％の合計で持株シェアは75％です。

株主総会の特別決議に必要なシェアは３分の２（約66.7％）であり，現在，２人で特別決議を可決できるので経営の安定感はある状態です。

そして，この状態で社長が所有されている自社株について金庫株買いを実施すると，今度は**社長の弟さんのシェアが83％**になり，会社の支配権は社長から社長の弟さんに移ることになってしまいます。

【現状】

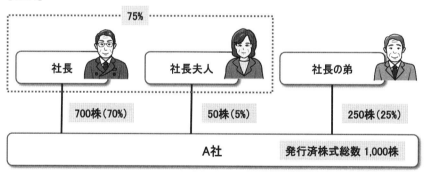

社長と社長夫人の持株シェア合計が75％あり、株主総会の特別決議を可決するのに必要な2/3（約66.7％）のシェアを確保している状況

【金庫株実施後】

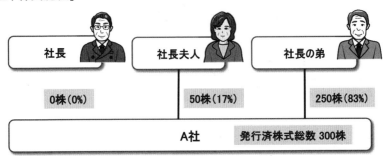

社長の持株シェアが0%になったため、社長夫人と社長の弟の持株数は変わらなくても、
社長の弟の持株シェアが83%となり、2/3以上の大株主になった。

金庫株を実施した後，社長のご子息に株式を発行するためには，株主総会の特別決議が必要なので，社長の弟さんのご判断次第ということになります。

なるほど，金庫株によって，勢力図が変わるんだね。これだと後継者にきちんとバトンタッチできないな。

はい。従業員や少数株主から金庫株で買い取ることは，影響が小さいですが，社長の自社株については必ずしも有効な方法ではないので，慎重に検討する必要があります。
なお，金庫株については取得限度額の定めがあります。株式数に制限はありませんが，取得金額の総額は分配可能額の範囲内と定められています（会社法461条）。

・自社株を持株会社に売るよりも，金庫株の方が売主の税負担が大きくなります。

・社長が所有する自社株を金庫株にすると，後継者には自社株を渡すことはできず，また株主のシェアが変化し，各株主の勢力図が変わってしまうので検討が必要です。

Q46 後継者が買える値段で株式を売ってはいけないんですか？

後継者は自己資金がないので，株式を安く売ってあげたいんですが，問題はありますか？

Answer

■自社株を譲渡，相続，贈与で**後継者に渡す時の税務上の価額は決まっています。**

税務上定められたものよりも安い価額で売った場合には，自社株を買った後継者に贈与等があったとみなされ，**贈与税が課されることがあります**ので注意が必要です。

株価のいろいろな算定方法は理解したんだけど，その計算式での株価で自社株を買うのは後継者も大変だよね。

自社株の値段も当事者間で安い値段に決めるのはダメなのかな？

たしかに，自社株を後継者に譲渡する場合には，後継者の負担を軽くするために，できる限り安い値段にしてあげたいですよね。

売ったお金が相続税の納税資金になるということはわかるけど，少しでも会社や後継者に負担をかけたくないんだよね。

お気持ちはわかります。でも問題はそんなに簡単ではありません。自社株を譲渡で後継者に渡す時にその値段は当事者間で決めていただいていいのですが，税務上の価額は決まっていますので，それよりも**安い価額で譲渡をすると，自社株を買った後継者に贈与**

があったとみなされ，贈与税が課されることがあり注意が必要だということです。

後継者が安く買ったら贈与になるってどういうこと？

税務上の価額と実際に譲渡した価額の差額が，社長から後継者に贈与されたという考え方です。

なんでも決まっているんだね。

はい。極端なお話をしますと，自社株をタダで後継者に渡すことができるんだったら，株価対策も株式の買取資金の問題もなくなりますよね。

それはそうだね。だからタダで渡しても贈与とみなされるんだね。後継者のためにと考えてしたことでも，贈与税がかかるんだったら，安い値段で渡す意味はないかもしれないね。

・税務上の価額 マイナス 譲渡した時の価額 分は贈与税の課税対象になります。
・自社株を後継者に安く売っても，問題は解決しません。

Q47 相続時精算課税制度の活用

株価が下がった時にまとめて贈与すると効果がある「相続時精算課税制度」というものがあるって聞いたんですが，どんな方法ですか？

Answer
■贈与には「**暦年課税制度**」と「**相続時精算課税制度**」の2種類があります。それぞれの制度にメリット・デメリットがありますが，自社株の評価が下がったタイミングを生かして贈与する場合には，相続時精算課税制度の利用が有効です。

今期は不良在庫を処分して損失が出るから，利益が減って株価が下がると思うんだ。
その後は当面，利益が減るってことはないって予想しているから，このタイミングで，ある程度の株を子供に渡したいと思っているんだよ。
何か，いい方法はあるかな？

そうですね。相続時精算課税制度を使って贈与するという方法があります。

えっ？　贈与って税金が大変じゃないの？

一般に「贈与は税金が大変」というのは，暦年課税制度による贈与（以下，暦年贈与）のことです。

それとは別に相続時精算課税制度を使った贈与というものがあり，今回のご相談の状況には，この制度をご利用されるとメリットが出る可能性があると思われます。

相続時精算課税制度か。難しそうだけど教えてくれるかな。

はい，わかりました。自社株を相続時精算課税制度で贈与した時のイメージ図なども使ってご説明します。

【贈与時】

・60歳以上の親または祖父母から**18歳以上の子**，または孫への贈与が対象です。

・贈与時には，贈与税の課税がなされます。この時，基礎控除額110万円（年間）と，2,500万円（累計）の特別控除があります。

＜贈与税の計算式＞

$$\left\{\left(\begin{array}{c}1年間の贈与額 - \begin{array}{c}年間110万円\\の基礎控除\end{array}\end{array}\right)の累計額 - \begin{array}{c}2,500万円\\の特別控除\end{array}\right\} \times 20\%$$

【相続時】

・この制度により贈与した財産（自社株）は，その贈与時の評価額で他の相続財産の価額に合算され相続税を計算します。この時，基礎控除部分は，相続財産に加算されません。

・贈与時に納付した贈与税は控除して，相続税を計算します。

まず，贈与時には，基礎控除額110万円＋特別控除額2,500万円を超えた部分に対し，一律20％の贈与税が課されます。社長のイメージほど税率は高くはありません。

ほんとだね。贈与税って50%くらいって思ってたけど，そうじゃないんだ。

贈与時の課税関係

自社株を贈与

（贈与額－110万円）の累計額が、2,500万円を超えた部分に対し、贈与税 一律**20%**

60歳以上の父母または祖父母

■ 贈与税の計算
基礎控除額 **110万円**（毎年）
特別控除額 **2,500万円**（累計）

18歳以上の子や孫

相続時の課税関係

贈与財産　相続財産

 ＋

相続税 最高税率 **55%**

60歳以上の父母または祖父母

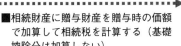
■相続財産に贈与財産を贈与時の価額で加算して相続税を計算する（基礎控除分は加算しない）。
■上記贈与時に納めた贈与税は相続税の額から，控除する。

18歳以上の子や孫

 はい。そして相続が発生した場合には，すでに贈与した財産（ここでは自社株）から基礎控除分を除いた額を相続財産に加算します。なお，贈与時に納付した贈与税分は控除して相続税を計算します。

なんだやっぱり払うんだね。最初に贈与して贈与税を支払って終わりじゃなくて，またもう一度相続税で計算するって，なんだか面倒だね。

はい。これが**相続時に精算**するということです。
たしかに贈与税を払って，相続税も払うというのは，面倒にお感じかもしれませんが，その分，この制度を利用するメリットはあります。
それは**相続税の計算をする場合の自社株の評価は，贈与時点の評価額である**ということです。

何？　それ。相続税の計算をする時に，相続が発生した時の値段じゃなくて，自社株を贈与した時の値段で行うってこと？　でもそのメリットってなんなの？

はい。社長が自社株をお亡くなりになるまで持っていると，株価が上昇して相続税が増加するケースがあります。
しかし，もし株価が低い時に贈与しておけば，将来相続税の計算をする時には，贈与時点の低い評価額で計算することが可能ということです。

なるほど。将来値上がりするとしたら，メリットはあるね。

次の図をご覧ください。

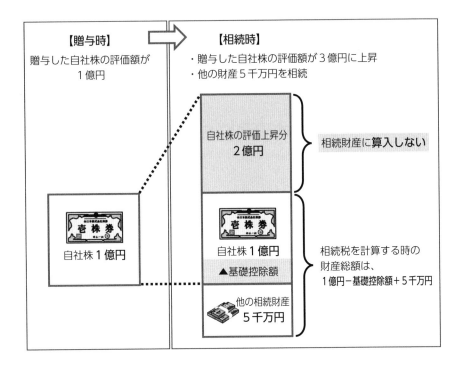

【図の説明】

評価額1億円の自社株を贈与しました。

贈与をした人に相続が発生した時に，仮に自社株の評価が3億円に上昇したとします。

この時の相続税の計算では，この**上昇した2億円部分については，相続税を計算する時には算入しません。**

つまり，贈与した時から相続時までに値上がりした部分は，税金の負担がないということだね。

そうです。
このケースで相続時精算課税制度を使わずに相続で自社株を渡そ

うと考えていた場合，相続財産は株価上昇分の2億円も含めて3億5千万円になります。

しかし，相続時精算課税制度で贈与した場合には，将来の相続時点で株価が上昇していたとしても，贈与時点の評価額で計算することが可能になるので，この2億円は含めず，さらに贈与時の基礎控除額についても，相続財産の加算の対象になりません。

つまり，**1億円－基礎控除額＋5千万円**で相続税を計算することになります。

なるほど，これはいい制度だね。

はい，そして税金の負担以外のメリットとしては，社長が会社を託したい後継者に，ご自身で自社株を贈与することができるということです。

もちろん法定相続分に留意する必要はありますが。

そうか，自分で決めた後継者に確実に渡せるっていうのはいいね。

はい。ただ，デメリットもあります。

自社株の評価が将来上昇するのであれば，メリットがありますが，逆にこの制度で贈与をした後に**株価が下落した場合**には，贈与をしなかったほうが相続税の金額は小さくなります。

なるほど，でも株価が上がるのか下がるのかは誰にもわからないよね。

誰にもわからないのですが，社長が現状の株価が高いのか安いのかをご判断いただいて，この制度を利用するのかどうかをお決めください。

了解。これは今後の業績の見通しの問題だね。

それ以外のデメリットですが，一度，相続時精算課税制度の届出を出すと，その後撤回して，暦年贈与を選択することはできません。選択後に，「やっぱり，暦年贈与のメリットの方が大きかった」と思っても，もう後戻りできないのです。

なるほど。戻れないというのは厳しいから，事前に検討しなくてはならないということだね。

他には，相続時精算課税制度で贈与した土地は，「小規模宅地等の特例」の対象外です。
小規模宅地等の特例というのは，一定の要件を満たすと，相続税の計算の際，土地の評価額を最大80％減にできる制度です。

うーん，それは大きいような気もするけど，自社株の評価額の方が高いし…。慎重に考えなくてはならないようだね。
自分では判断できないので，検討をお願いするよ。

はい。社長の場合には，財産に占める自社株の割合が大きいので，自社株を渡す時の制度の選択は，税負担に大きく影響します。

将来の株価予測を中心として，他の制度のメリット・デメリットを総合的に比較検討をする必要があります。

【相続時精算課税制度のメリット】
・将来，評価が上昇する財産を贈与した場合には，評価上昇分の相続税の納付は必要ありません。
・自分の財産を自分が選んだ人に直接渡すことができます。

【相続時精算課税制度のデメリット】
・贈与した財産が，相続時点で評価が下がった場合には，贈与時点の評価額と相続時の評価額との差額分の相続税が損失になります。
・相続時精算課税制度の届出を出すと，その後撤回して，暦年贈与を選択することはできません。
・相続時精算課税制度で贈与した土地は，「小規模宅地等の特例」の対象外です。

Q48 黄金株（拒否権付株式）の活用

後継者に早く株式を渡したいのですが，まだ経営者として1人前とは言い切れない状況です。
こんな時に何かよい方法はありますか？

Answer

■後継者の経営をコントロールするために，**黄金株（拒否権付種類株式）**を活用する方法があります。

■黄金株（拒否権付種類株式）は，**株主総会の決議事項の一部を拒否することができる株式**です。

・メリット…後継者の暴走に歯止めをかけること

・デメリット…後継者が現社長の顔色をうかがいながらの経営が他の経営陣にとってもスムーズではなく，また後継者が育たない可能性もある。

今後，ますます株価が上がると思うから今のうちに，後継者に株式を渡そうと考えているんだけど，まだ経営者としては頼りない気がするから，株式を全部渡してしまうのは不安なんだよね。
何かいい方法はないかな？

早く自社株を後継者に渡したいけれど，全部渡すのは不安，という2つの考えを解決するということですね。

そんな方法あるかな？

その問題の解決には，拒否権付種類株式の活用が有効です。
拒否権付種類株式とは一般に「黄金株」と呼ばれるもので，一定の事項については株主総会の決議を拒否することができるというものです。

持株シェアが大きい人ほど権利が強いって説明だったけど，そんな強い権利を持った株式を発行することができるんだね。それで，拒否できる範囲はどれくらいなの？

取締役の選任，解任や合併などで，あらかじめ定款に定めておくことが必要です。
社長は1株だけ拒否権付種類株式を持ち，まだ経営能力に不安のある後継者を見守り続け，後継者が暴走した場合には，株主総会の決議を否決することで経営を守るということです。

なるほどね。じゃあ私は拒否権付種類株式を1株だけ持って，あとは後継者に移転してしまえばいいんだね。
でも，メリットだけじゃなくて，デメリットもあるよね。

はい。拒否権付種類株式という名前のとおり，あくまでも拒否することができる権利を持った株式ですので，社長が新しい議題を株主総会に提出することはできないということです。

そうだね。大半の自社株を渡したら，リタイアを目指すべきだと思うから，基本的には新しい議題を提出するのは避けたほうがいいよね。

また，他のデメリットとしては，社長が拒否権付種類株式を持った状態では，後継者は，社長の顔色をうかがいながら経営をするので，やりにくいでしょうし，後継者も甘えが抜けないかもしれません。

そうだね。自分で言うのもなんだけどお目付け役がいる社長って，やりにくいよね。

それに，他の経営陣も私を見ていいのか，後継者を見ていいのか悩んでしまうよね。

はい，メリット・デメリットはありますが，早い時期に自社株を渡す際のリスク減少の方法として，ご検討ください。

- ・黄金株の活用により，後継者の暴走を止めることができます。
- ・ただし，後継者が社長として独り立ちするための妨げになることがあります。

Q49　相続人等に対する売渡請求制度

後継者が結婚していても子供がいなければ，自社株が血縁者以外の人に渡ってしまう可能性があります。何かよい方法はないでしょうか？

Answer

- ■そのようなケースには「相続人等に対する売渡請求制度」が有効です。これは，**相続で株式を取得した人に対して，会社はその株式を売り渡すように請求できる**制度です。そして，この制度の適用を受けるためには，あらかじめその旨を，会社の定款に定める必要があります。
- ■会社が，株式を買い取る時の価額は会社と相続人との協議になりますが，当事者間で折り合いがつかない場合には，裁判所に売買価額決定の申立てができます。

息子に自社株を譲渡した後，自分よりも息子が先に亡くなる可能性もあるよね。

もしそうなったら，息子には子供がいないから私と家内と息子の奥さんが相続することになるんだろうけど，息子の奥さんはウチの血縁者ではないから，そうなったら自社株が血縁者以外に渡るってことだよね。

息子の奥さんはいい人で，ウチの親族ともうまくいっているけど，息子がいなくなったら誰かと再婚するかもしれないしね。

ウチの自社株は譲渡制限株式って聞いたんだけど，譲渡は制限できるんだよね？　相続の場合は制限できるの？

譲渡制限株式の場合でも，法定相続人はその制限を受けずに相続できます。

 そうすると，息子の奥さんが再婚したら，結構ややこしいことになるんじゃないかな。

 そういう場合もありますね。ご子息の奥様は自社株を相続する気がないかもしれませんし，一概には言えませんが，たしかに問題は発生する可能性があります。
最悪のケースを想定して対策を検討しましょう。

◆後継者死亡後の自社株の移動

 ご子息の奥様が再婚した場合に，相手の方が会社にとって好意的な人とは限りませんので，奥様を通じて経営に口を出すケースもあるかもしれませんし，高額な値段で株式を買い取ってほしいと要求してくる可能性もあります。

 なんだか生々しい話になってきたね。
息子に自社株を渡したら，悠悠自適な生活を送れるということでもないんだね。そうなった時に，うまいこと買い取れる方法はないかな。

 株主が売りたくないといえば，原則，会社は株式を買い取ることができないんですが，全くないというわけではありません。
それは，「相続人等に対する売渡請求制度」を利用することです。

そんなすばらしい制度があるんだね。詳しく教えてよ。

 会社は，相続で株式を取得した人に対して，その株式を売り渡すように請求できる制度です。なお，この制度の適用を受けるために，あらかじめその旨を定款に定める必要があります。

■売渡請求制度のイメージ図

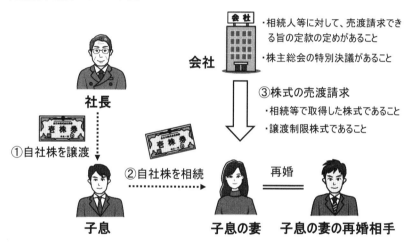

【売渡請求制度の概要】（会社法174条，175条，176条，177条）
○要件
　1）相続等で取得した株式であること
　2）譲渡制限株式であること
　3）相続人等に対して，売渡請求できる旨の定款の定めがあること
○売渡請求の決定
　株主総会の特別決議によって，下記事項を決定しなければならない。
　①　売渡請求する株式の数
　②　請求対象となる者の氏名

○請求の留意点
　1）請求期限
　　会社が相続その他の一般承継があったことを知った日から1年以内
　2）売買価格の決定
　　①　会社と株主との協議による決定
　　②　裁判所による価格決定
　　　会社または株式を相続した株主は，売渡請求があった日から20日
　　以内に，裁判所に対し，売買価格の決定の申立てをすることができ
　　る。

譲渡制限株式にするとか，**定款に定める**とか，事前にやっておく
必要があるし，これを決めるのは**株主総会の特別決議**だから3分
の2の議決権が必要だね。

それに，確実に自社株を買い取れる制度だけど，価格は会社と株
主（相続人）での話し合いってことか。揉めるかもしれないね。

はい。折り合いがつかない場合には，裁判所に価格決定の申立て
をすることになります。

決着がつく方法があるというのは良いことだけど，裁判にはなら
ないほうがいいな。

事前に万が一のこととして，息子と話し合っておいたほうがよさ
そうだ。

早めに検討してみるよ。

- 株式はいろいろな人に相続される可能性がありますが，相続人等に対する売渡請求制度により，株式の分散を防ぐことができます。
- 万が一の時に買い取れるように，事前に定款に定めておくことが重要です。

▷ 非上場株式等の納税猶予・免除の検討

Q50 非上場株式等の相続税・贈与税の納税猶予および免除制度　一般措置①

後継者に自社株を渡す際に，相続税や贈与税の納税猶予の特例があると聞きましたが，これは，税金を払わなくてもいい制度なのでしょうか？

Answer

■非上場株式等についての相続税・贈与税の納税猶予および免除制度（以下「**納税猶予制度**」）の概要

- ・後継者が**相続または遺贈・贈与**の方法で自社株を取得する場合に適用を受ける制度です。
- ・一定の要件を満たす場合には，未上場株式にかかる**相続税・贈与税が猶予**されます。
- ・**後継者の死亡等**によって納税が猶予されている贈与税・相続税の納付が**免除**されます。

■ただし，納税の猶予を受けた後に，要件を満たさなくなった場合にはその時点で猶予されていた相続税や贈与税を納税する必要があります。

■納税猶予制度は，**一般措置**と，納税猶予制度の適用を受けるための要件が大幅に緩和された**特例措置**（令和9年12月31日まで）の2つがあります。

■一般措置の場合，**全ての株式が納税猶予制度の対象になるのではありません**。また，猶予が打ち切られる可能性を考えれば，この制度の適用を受ける場合でも，事業承継対策が全く必要ないということではありません。

【解説】

　特例措置は，一般措置と比較して，猶予の対象となる自社株と税額の範囲が拡大されました。

　一般措置についてはQ50，Q51，Q52，特例措置についてはQ53でご説明します。

■納税猶予制度の概要（一般措置）

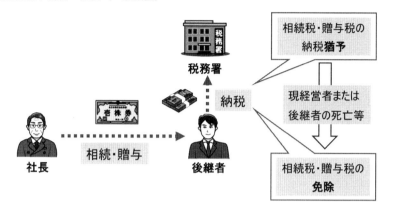

 自社株を渡す時の相続税や贈与税が猶予される制度があるって聞いたんだけど，それって税金を払わなくてもいい制度なの？

 いえ，相続税や贈与税が，その時点ですぐに免除されるわけではなく，まず最初は，納税が猶予される制度です。この制度で猶予を受けるためには，一定の条件を満たす必要があります。
そして，相続・贈与で自社株を渡す人，取得した人が死亡する等，一定の条件により猶予されていた納税猶予額が免除されます。
ただ，条件が満たされなくなった時には猶予が打ち切られて，相続税・贈与税を納めなければなりません。

 なるほど，猶予されたと思っていて，突然，相続税・贈与税を納めなければならないというのは大変なことだけど，最終的に税金が免除されることもあるのならいい制度だね。
まず，制度の全体像を教えてくれるかな。

◆相続税の納税猶予と贈与税の納税猶予制度

 納税猶予制度には，相続税の納税猶予と贈与税の納税猶予の２つがあります。

まず，相続税の納税猶予制度からみていきましょう。

【相続税の納税猶予制度】

・相続または遺贈で，後継者が取得した自社株式の課税価額の80％部分の相続税の納税が猶予および免除されます。

・対象となる株式は，発行済議決権株式総数の３分の２の部分です。

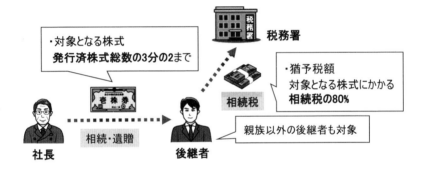

 社長が所有している自社株を，相続か遺贈で後継者に渡します。遺贈というのは，遺言により財産を無償で譲ることです。そして，後継者というのは，親族以外の人も対象になります。

 今は，親族じゃない人へのバトンタッチも増えているから，後継者の範囲もそれに応じて広いということだね。

はい。次に対象となる自社株ですが，全株式ではなく，全体の3分の2までです。

社長が仮に自社株の100％を持っていたとすると，3分の2までは納税猶予制度の対象ですが，3分の1の株式については，相続税の納税猶予制度の対象ではありません。

また，ここでご注意いただきたいのは，3分の2というのは，**後継者が既に保有している自社株も含みます**ので，仮に後継者が3分の1の自社株を保有している場合には，納税猶予制度の対象になるのは，残りの3分の1のみです。

了解。つまり，株主総会の特別決議が3分の2だから，その割合までの自社株が納税猶予制度の対象と覚えることにするよ。

はい。そして相続税の納税が猶予されるのは，対象となる自社株にかかる相続税の80％までです。

えっ，相続税の全額が猶予されるんじゃなくて，80％なんだね。じゃあ，残りの20％の相続税の納税は考えないといけないということだね。

はい。3分の2の部分は納税が猶予されて，当面納税する必要がないとしても，残りの3分の1の部分だけでも株価が高ければ，後継者の納税などの資金負担は存在します。

さらに将来株価が上昇したら後継者の負担は増加することになりますので，この制度を使うとしても3分の1の部分についての対策は検討する必要があります。

そうか，最大でも**株式全体の３分の２の80％相当の相続税の猶予**だけなのか。なんだか，最初のイメージよりも対象になる自社株が少ないなぁ。

はい。この制度で全て解決できるわけではありません。ただ，３分の２の80％といっても，最終的に免除されれば，効果は大きいのではないでしょうか。

そうだね。全部払うことを考えたら，小さくないか。それに，今後，何代にもわたって会社が続けば，効果はさらに大きいね。

はい。そのようにお考えください。次は贈与税の納税猶予制度をみてみましょう。

【贈与税の納税猶予制度】

・贈与により，後継者が取得した自社株式にかかる贈与税の全ての納税が猶予および免除されます。

・対象となる株式は，発行済議決権株式総数の３分の２です。

図は先ほどの相続税の納税猶予制度と，ほぼ同じです。違う点は，納税猶予される税額は，対象となる株式にかかる**贈与税の100%**ということです。

なるほど，贈与税の100%が猶予されるけど，対象となる株式は，相続の時と同じで，全体の3分の2の株式が対象ということだね。

おおまかに，納税猶予制度についてご説明しましたが，自社株を渡す人，相続・贈与で受け取る人などについての要件があります**ので**Q51でご説明します。

そして，納税猶予を受けた後にも要件を満たさない場合には，猶予が打ち切られることも重要なポイントです。

そうか，**打ち切られた時に税金を納めるのは後継者**ということだよね。

自分が死んだ後に，後継者にそんな迷惑はかけたくないなぁ。やはり，猶予打ち切りのことも考えるとこの制度の適用を受ければ，もう安心ということではないね。

将来にわたって要件を満たすのが大変だったら，この制度の適用を受けない方がいいかもしれないね。

はい。**事業承継対策の方法の選択が，会社の将来にも影響する**ということです。

納税猶予制度は，事業承継対策に有効ですが，この制度の適用を受ける方が良いのかどうか，各企業の状況によって異なりますので，慎重な検討が必要です。

わかった。それじゃ，納税猶予制度の適用を受ける要件を詳しく
教えてくれるかな。

・納税猶予制度は，相続税・贈与税がゼロにな
る制度ではありません。
・猶予される範囲や，対象となる株式の数を正
確に理解しましょう。

Q51 非上場株式等の相続税・贈与税の納税猶予および免除制度　一般措置②

非上場株式等についての相続税・贈与税の納税猶予および免除制度
（以下「**納税猶予制度**」）を受けるための要件について教えてください。

Answer

■納税猶予制度の適用を受けるためには「中小企業における経営の承継の円
滑化に関する法律」（以下「経営承継円滑化法」）に基づき**会社**の要件，**後
継者**の要件，**先代経営者**の要件を満たし，「**都道府県知事の認定**」を受け
る必要があります。

■納税猶予の適用を受けた後も，継続的に満たさなければならない要件があ
り，最後までその要件を満たしていれば，猶予税額が免除されますが，そ
の要件を満たせなくなった場合には，猶予されていた税額および利子税を
納付する必要があります。

◆納税猶予制度の全体像

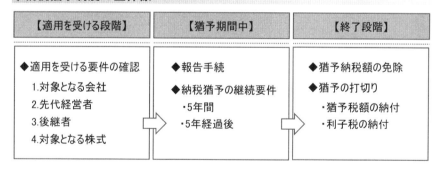

【適用を受ける段階】	【猶予期間中】	【終了段階】
◆適用を受ける要件の確認 　1.対象となる会社 　2.先代経営者 　3.後継者 　4.対象となる株式	◆報告手続 ◆納税猶予の継続要件 　・5年間 　・5年経過後	◆猶予納税額の免除 ◆猶予の打切り 　・猶予税額の納付 　・利子税の納付

それでは，まず納税猶予制度の全体像をご説明します。
図のように，納税猶予制度の適用を受ける段階の要件，猶予期間
中に満たさなければならない要件や報告手続，最終的に猶予税額

が免除されるか，猶予打ち切りにより猶予税額と利子税を納付する最終段階という３つのステップがあります。

【対象会社の要件】

〈相続税の納税猶予・贈与税の納税猶予**共通**の要件〉

①中小企業者であること

②上場会社，風俗営業会社でないこと

③従業員が１人以上であること

④資産保有型会社等に該当しないこと（一定の条件を満たすものを除く）

まず，対象会社の要件です。

対象会社の要件についてだけど，ざっとみて，ウチの会社の場合には問題がないような気がするけど，まず中小企業者というのは何かな？

これは，対象となる会社の資本金と従業員数の基準が示されたもので，どちらかを満たす必要があります。これは，中小企業基本法上の中小企業の範囲（次頁の左図）が政令によって，一部の業種は対象となる企業の範囲が拡大されたものです。

よく見ていただくと，資本金が5,000万円以下と小さい業種もあります。かつて，資本金が大きいことが企業のステイタスとされていた時期もあったので，業歴の長い企業は，この基準を超えている場合もあり，確認する必要があります。

◆中小企業者の定義

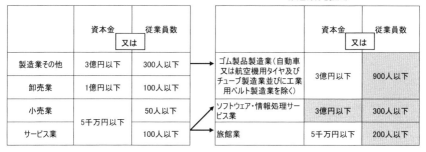

中小企業基本法上の中小企業者の定義

	資本金 又は	従業員数
製造業その他	3億円以下	300人以下
卸売業	1億円以下	100人以下
小売業	5千万円以下	50人以下
サービス業		100人以下

政令により範囲を拡大した業種
（灰色部分を拡大）

	資本金 又は	従業員数
ゴム製品製造業（自動車 又は航空機用タイヤ及び チューブ製造業並びに工業 用ベルト製造業を除く）	3億円以下	900人以下
ソフトウェア・情報処理サー ビス業	3億円以下	300人以下
旅館業	5千万円以下	200人以下

（医療法人、社会福祉法人等は対象外）

出所：中小企業経営承継円滑化法申請マニュアル【相続税，贈与税の納税猶予制度】平成29年
　4月施行

なるほど。ウチは大丈夫だった。それから，資産保有型会社等と
いうのは何かな？

資産保有型会社等とは，**資産保有型会社，資産運用型会社**の2つ
があります。

資産保有型会社は，総資産に占める**特定資産**の割合が**70％以上**
の会社で，資産運用型会社は，総収入に占める**特定資産の運用収
入**の割合が**75％以上**の会社をいいます。

特定資産というのは，何のことかな？

はい，次のようなものがあります。

・国債，地方債，株式，その他の金融商品取引法に規定する有価
　証券

【資産保有型会社】‥‥ 総資産に占める**特定資産の割合が70%以上**の会社

$$\frac{特定資産 \ + \ 配当}{総資産 \ + \ 配当} \geq \boxed{70\%}$$

※配当‥‥過去5年間に後継者およびその同族関係者に対して支払われた配当

【資産運用型会社】‥‥ 総収入に占める**特定資産の運用収入の割合が75%以上**の会社

$$\frac{特定資産の運用収入}{総収入金額} \geq \boxed{75\%}$$

・会社が所有している不動産のうち，自ら使用していないもの
・ゴルフ会員権，スポーツクラブ会員権等の施設利用に関する権利
・絵画，彫刻，工芸品，骨とう品などの動産，金・銀などの貴金属
・現預金（親族への貸付金や未収入金も含む）

ただし，次のように事業実態がある場合には，資産保有型会社，資産運用型会社に該当しても，納税猶予制度の適用を受けることができます。

・3年以上**継続**して，**事業活動**をしていること
・常時使用する**従業員が5名以上**いること
・**事務所，店舗などの固定資産を保有**または**賃貸**していること

簡単に言うと，持株会社や個人資産の管理会社のようなものだね。それは事業会社じゃないから，納税猶予制度は使えなくても仕方

ないよね。

はい。資産管理会社の要件については，それほど意識される必要はないと思いますが，事業を営んでいる関連会社がある場合には，内容をチェックしてください。

次に先代経営者の要件を見てみましょう。

【先代経営者（自社株を渡す人）の要件】

<相続税の納税猶予・贈与税の納税猶予**共通**の要件>

《先代経営者の要件》

①　会社の代表者であったこと

②　相続開始の直前または贈与開始の直前で，**先代経営者と同族関係者で，総議決権数の50％超の議決権数を保有**し，かつ，後継者を除いた**同族関係者の中で筆頭株主**であったこと

※先代経営者が贈与・相続開始の直前に代表者でない場合には，代表者であった期間のいずれかの時および，贈与・相続開始の直前に上記条件を満たす必要があります。

《自社株を渡す人が先代経営者以外の場合》

①　全ての個人株主が対象（代表権の有無，親族内外を問わず複数人でもよい）

　　ただし，先代経営者の自社株について納税猶予が実施されることが必要。

<贈与税の納税猶予の要件>

①　贈与時に**会社の代表権を有していない**こと（有給役員としての残留はOK）

自社株を渡す人が現経営者の場合には，代表権を有している（いた）こと，また株主構成については，同族関係者で50％超を保有して同族株主内で筆頭であること（あったこと）が必要です。

また，経営者以外の株主も，納税猶予制度の適用を受けて，自社株を後継者に渡すことができます。これは全ての株主が対象になりますので，社長の奥様が後継者に自社株を渡す時にもこの制度を使えるということです。ただし，すでに先代経営者（社長）が，この制度で自社株を渡して納税猶予を受けていることが必要です。

ウチのような同族会社にとっては，問題ない要件だね。私が後継者に自社株を渡せば，妻が持っている自社株も猶予の対象になるということは，早くから準備を計画的にする必要があるね。

はい。それでは，次は後継者の要件です。

【後継者の要件】
<相続税の納税猶予・贈与税の納税猶予共通の要件>
　①　相続開始時または贈与時において，後継者と同族関係者で，**総議決権数の50%超を保有し**，かつ，**同族関係者の中で筆頭株主**であること
　（一つの会社で，後継者1人だけ適用）
<相続税の納税猶予の要件>
・相続開始の直前において役員であり，相続開始の翌日から**5か月後に会社の代表権を有している**こと
　ただし，先代経営者が70歳未満で死亡した場合を除く
<贈与税の納税猶予の要件>
・贈与時に18歳以上，かつ贈与の直前において，**役員就任から3年以上経過**しており，都道府県知事の認定時までに**代表者であること**

簡単に言うと後継者も，親族の中で筆頭株主であり，かつ会社の代表者になるということだね。事業承継のための制度だから当然

だよね。

はい。以上が納税猶予を受けるための要件でしたが，納税猶予期間中も，一定の要件を満たせなかった場合には，納税猶予が打ち切られます。納税猶予を続けるための主な要件をみてみましょう。これは，**納税猶予制度の申告期限後５年間と５年経過後で，要件が異なります。**

【納税猶予を続けるための主な要件】

＜相続税の納税猶予・贈与税の納税猶予**共通**の要件＞

《申告期限後５年間の要件》

⇨満たせない場合には，猶予税額の全額納付

①　後継者が会社の代表者であること

②　雇用の８割以上を５年間平均で維持すること

③　後継者と同族関係者と合わせて，総議決権数の50％超を保有しかつ，同族関係者の中で筆頭株主であること

④　上場会社，風俗営業会社に該当しないこと

⑤　猶予対象株式を継続保有すること

⑥　資産保有会社等に該当しないこと

《申告期限５年経過後の要件》

①　猶予対象株式を継続保有していること

⇨満たせない場合には，譲渡した株式の割合分だけ納付

②　資産保有型会社等に該当しないこと

⇨満たせない場合は猶予税額の全額納付

基本的には，認定を受けた条件を継続すればいいということだけど，雇用の８割以上を５年間維持することは，業績次第の不確定要素だね。

後継者にバトンタッチした後の5年間のことだから，まず将来の事業計画が重要だね。

 そのとおりです。**事業承継は事業計画の一部**ですから，長期的視点でご検討ください。そして，この制度は改正されることが多いですし，一般措置と特例制度の違いも難しいので，税理士にご相談の上，すすめてください。

> 納税猶予制度の適用を受けるためには，さまざまな要件があります。
> 各々の要件を満たしているのかどうかを，まずチェックしましょう。

Q52 非上場株式等の相続税・贈与税の納税猶予および免除制度　一般措置③

納税猶予制度が免除されるケースについて教えてください。

Answer

■先代経営者，後継者の死亡によるケース，会社が破産した場合など，一定の要件に該当すると，猶予された税金が免除されます。

■免除を受けるためには，免除の要件に該当することとなった日から6か月，または10か月以内に免除届出書を提出しなければなりません。

猶予を受けることについては，理解ができたんだけど，最終的にどんなケースで猶予された税金が免除されるのかな。猶予されたけど，結局最後には税金を納めることになるなら，後継者が大変だからね。

はい。少し複雑なので，わかりやすく概略の説明をいたします。

◆相続税の納税猶予

【1代目から2代目へ相続，2代目死亡のケース】

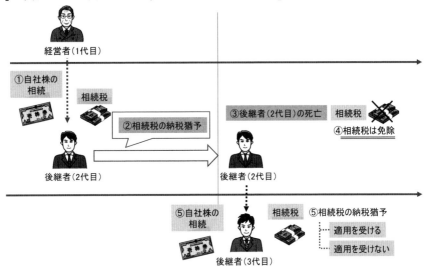

① 後継者（2代目）は先代経営者から，納税猶予制度の適用を受けて自社株を相続します。

② 後継者（2代目）は相続税の納税が猶予されます。

③ 後継者（2代目）が死亡

④ 後継者（2代目）が猶予されていた**相続税は免除**されます。

⑤ 後継者（3代目）は，2代目から自社株を相続します。この際，相続税の納税猶予の適用を受けるかどうかは任意です。

 このパターンが，理解しやすいと思います。

 なるほどね。例えば，後継者である私の息子が，この制度の適用を受けて自社株を相続して，そのまま持ち続けて，納税猶予をさ

れていたという状況で，息子が死亡した時には，私が死亡した時
の相続税が免除されるんだね。

そして，孫が会社を継いで，また納税猶予の適用を受けると……
ずっと自社株にかかる相続税は納税しなくていいんだね。これは，
いい制度だね。

 そうです。ただ，先ほどもお話ししたように，この制度の適用を
受けたり，続けるための要件がありますし，納税猶予の対象にな
らない自社株が3分の1存在することはお忘れにならないでくだ
さい。

◆贈与税の納税猶予
【1代目から2代目へ贈与，1代目死亡のケース】

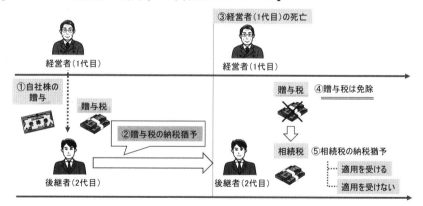

① 先代経営者は，納税猶予制度の適用を受けて，後継者（2代目）に自
社株を贈与します。
② 後継者（2代目）は，贈与税の納税を猶予されています。
③ 先代経営者が死亡。
④ 後継者（2代目）は，**贈与税が免除**されます。

　ただし，**後継者は自社株を相続で取得したとみなされ，相続税を納税する必要があります。**

⑤　相続税について，納税猶予制度の適用を受けることも，受けないことも可能です。

そうか。贈与税は，免除されるけど，相続税に切り替わるってことだね。

相続税の納税猶予制度の適用を受けるか，受けないかは任意といっても，後継者は納税資金がないだろうから，やはり，相続税の納税猶予の適用を受けることになるんだろうね。

そして，次は，後継者が先代経営者よりも先に亡くなった場合です。

◆贈与税の納税猶予
【1代目から2代目に贈与で承継し，2代目死亡のケース】

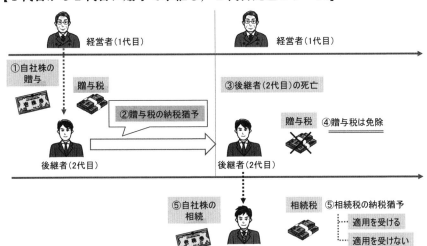

① 先代経営者は，納税猶予制度の適用を受けて，後継者に自社株を贈与します。

② 後継者（２代目）は，贈与税の納税を猶予されています。

③ 後継者（２代目）が死亡。

④ 後継者（２代目）の**贈与税が免除**されます。

⑤ 後継者（３代目）は，２代目から自社株を相続します。この時の相続税について，納税猶予制度の適用を受けることも，受けないことも可能です。

せっかく後継者に自社株を贈与したのに，後継者が先に亡くなってしまった場合だね。あまり考えたくないけど，こういうケースもあるよね。
この場合は，贈与税が免除されるんだね。後継者（２代目）が贈与を受けた自社株は，後継者の子供（３代目）が相続することになるとしたら，どうなるの？

その場合には，相続した子供（３代目）が，相続税を納税する必要がありますが，相続税の納税猶予制度の適用を受けるか，受けないかは任意です。

誰が自社株を相続するのかは，後継者の子供の年齢にもよると思うけど，この場合にも納税猶予制度が使えるのは安心だね。

☞これ以外にも，免除の要件として，「会社が破産・特別清算した場合」「猶予対象株式の時価が，猶予税額を下回る状況で，親族以外の第三者に納税猶予を受けた自社株の全部を譲渡した

場合」などがありますが，一般的ではないので，ここでは割愛させていただきました。

> 納税猶予制度は，先代経営者，後継者の死亡等，一定の要件に該当すると，猶予された税金が免除されます。
> 免除される要件は複雑ですので，典型的なパターンを理解しましょう。

Q53 非上場株式等の相続税・贈与税の納税猶予および免除制度　特例措置

納税猶予制度の特例措置があるそうですが，どんな要件なのでしょうか？

Answer

■納税猶予制度は，平成30年度税制改正により，平成30年1月1日から令和9年12月31日までの10年間適用が受けられる特例措置が定められました。

■現行の一般措置と比較すると，**対象株数**や**納税猶予割合**，そして**後継者の範囲が拡大**されました。

■特例措置の適用を受けるためには，認定経営革新等支援機関（以下「**認定支援機関**」）の指導および助言を受けて，特例承継計画を策定し，令和8年3月31日までに都道府県に提出して認定を受ける必要があります。

納税猶予制度は，特例制度があるんだってね。現行の制度よりも，より良い制度だと思っていいのかな。

はい。納税猶予の対象株式や納税猶予割合，そして後継者の範囲が拡大されました。

この特例措置は，平成30年度の税制改正によってできたものですが，それ以降，件数は増加しています。

よっぽどいい制度になっているんだろうね。

はい。それでは，その内容について見てみましょう。

---

① **適用対象の拡大**

・**全株式**が対象

・相続税の納税猶予割合は，80％から100％に

・**代表権を有する最大3名（総議決権数の10％以上を有する者）への承継**
に適用

・相続時精算課税制度の適用範囲拡大（直系血族以外に渡す場合にも適用）

 説明の前に，再確認ですが，新しい特例措置に対して，従来から
ある制度は，一般措置と言います。

 特例措置と一般措置だね。

まずは，猶予の対象になるのは，**全株式**だね。一般措置は，全株
式の3分の2だったよね。特例措置では全株式が対象というのは，
ありがたいね。特例措置の場合には，3分の1の自社株の対策を
考える必要がなくなるんだね。

 そして，相続税の納税猶予割合は，一般措置が80％だったのに対
して，100％です。

 なるほど。全株式の100％が対象ってことは，まるまる猶予され
るってことだね。

これはすごいことだね。

はい。社長もお感じのように，納税猶予されるといっても，3分の2の株式にかかる相続税の80%というのは，少ないと感じる方が多かったと思いますが，特例措置では，この点について経営者からのご不満はなくなったと言えます。

そうだよね。全部猶予されるってことだからね。この点に関しては不満はないな。

そして，自社株を渡す相手ですが，一般措置では，後継者は1社につき1名でしたが，特例措置の場合には，**最大3名**が対象になります。ただし，その3名は代表権を有することと，総議決権数の10%以上を保有するものに限るということが条件になりますので，この点は注意が必要です。

3名まで対象というのも大きな変更だね。ウチみたいに経営に関与する子供が2名いる場合には，2人とも納税猶予制度の適用を受けられるということだね。
これは，税金のことだけを考えると，とても助かるんだけど，ただ，代表権を2人とも持つってところは，気になるね。2人で仲良く経営すると言っても，代表権となると話は別だね。

はい。社長のお考えのとおり，税金よりもスムーズな経営体制を構築することが重要なので，この点は，慎重にお考えください。

② 特例承継計画の策定と提出

 それから，特例措置の場合には，**認定支援機関**の指導・助言を受けた**特例承継計画**を策定する必要があります。

 えっと，認定経営革新等支援機関？　略して認定支援機関か。そういうところの指導と助言を受けて計画書を作らないといけないんだね。

それで，その認定支援機関というのは，どういう人たちなの？

 税理士が認定支援機関になっていることが多いので，顧問税理士がそうであれば，特例承継計画を作ってくれますので，あまり心配する必要はありません。

もし，顧問税理士が認定支援機関でない場合には，中小企業庁のwebsiteで認定機関となっている人を探すことができます。

●認定支援機関とは

正式名称　認定経営革新等支援機関

中小企業・小規模事業者の多様化・複雑化する経営課題に対して事業計画策定支援等を通じて専門性の高い支援を行うため，税務，金融および企業の財務に関する専門的知識（または同等以上の能力）を有し，これまで経営革新計画の策定等の業務について一定の経験年数を持っているといった機関や人（金融機関，税理士，公認会計士，弁護士など）を，国が「認定経営革新等支援機関」として認定しているもの。

＜経営革新等支援機関認定一覧について＞

https://www.chusho.meti.go.jp/keiei/kakushin/nintei/kikan.htm

---

 それで，その特例計画って何を作るの？

特例計画というのは，認定経営革新等支援機関の指導及び助言を受けた会社が作成した計画であって，当該会社の後継者，承継時までの経営見通し，承継後5年間の経営計画等が記載されたものです。次の特例承継計画のサンプルをご覧ください。

様式第21

施行規則第17条第2項の規定による確認申請書
（特例承継計画）

年　　月　　日

都道府県知事　殿

郵　便　番　号
会　社　所　在　地
会　　社　　名
電　話　番　号
代表者の氏名　　　　　印

　中小企業における経営の承継の円滑化に関する法律施行規則第17条第1項第1号の確認を受けたいので、下記のとおり申請します。

記

1　会社について

主たる事業内容	
資本金額又は出資の総額	円
常時使用する従業員の数	人

2　特例代表者について

特例代表者の氏名	
代表権の有無	□有　□無（退任日　年　月　　日）

3　特例後継者について

特例後継者の氏名（1）	
特例後継者の氏名（2）	
特例後継者の氏名（3）	

4　特例代表者が有する株式等を特例後継者が取得するまでの期間に
　おける経営の計画について

株式を承継する時期（予定）	年　月　～　年　月
当該時期までの経営上の課題	
当該課題への対応	

5　特例後継者が株式等を承継した後5年間の経営計画

実施時期	具体的な実施内容
1年目	
2年目	
3年目	
4年目	
5年目	

（別紙）

認定経営革新等支援機関による所見等

1　認定経営革新等支援機関の名称等

認定経営革新等支援機関ＩＤ番号	
認定経営革新等支援機関の名称	印
（機関が法人の場合）代表者の氏名	
住所又は所在地	

2　指導・助言を行った年月日
　　　年　　　月　　　日

3　認定経営革新等支援機関による指導・助言の内容

見る限りそんなに難しそうでもないね。認定支援機関が手伝ってくれるなら，なおさら不安はないね。

はい。大丈夫だと思います。

そして特例承継計画は，令和6年3月31日までに都道府県に提出して，経営承継円滑化法の認定を受けなくてはなりません。

そうか。特例措置だから，期限があるんだよね。じゃあ，急いで検討しなくてはならないね。

はい。ただ，税金を抑えるためだけに，慌てて自社株を渡すということだけは，なさらないでください。

③ 代表者以外の者からの贈与も対象

後継者が代表者以外の人から自社株の贈与を受けることは，一般措置で認められるようになりましたが，これも特例措置の適用を受けられます。

私の妻が所有している自社株もこの制度の対象になるということだね。

それから，一般措置では，雇用確保要件（承継後，5年間平均8割の雇用維持）が難しいというご意見が多くあったのですが，特例措置では，雇用確保要件を満たさなくなった場合でも，納税猶予が打切りになるのではありません。

この場合には，満たせない理由を記載した書類（認定支援機関の意見が記載されたもの）を都道府県に提出する必要があります。

要件の中では，ちょっと厳しいなと感じていた雇用確保要件だけど，特例措置では，条件が緩和されたんだね。

はい。この要件があるので，納税猶予制度を選べない経営者が多かったようなので，この緩和条件は大きいと思います。

④　減免要件の追加

それから，猶予されている贈与税，相続税の免除される要件が増えました。

それは，経営環境の変化を示す一定の要件を満たす場合（例：3年間のうち2年以上赤字である場合），特例期間経過後に，自社株を譲渡する時や，会社が合併で消滅や解散する時には，譲渡対価等をベースに再計算した金額との差額が免除されます。

ちょっと難しいけど，納税猶予の適用を受けた後に，業績が悪化した場合に，減免が受けられるということだね。それはいいことなのかもしれないけど，そもそも業績を伸ばすことを考えることが大切だね。

⑤　相続時精算課税制度適用者の拡大

　後継者が，贈与者の推定相続人以外の者である場合も，贈与者が60歳以上のものである場合には相続時精算課税制度（**Q47**）の適用を受けられます。

相続時精算課税制度は，直系の親族間にのみ適用になる制度ですが，特例措置ではこれを拡大し，後継者が社長の相続人でなくて

も対象になります。

 相続時精算課税制度というのは，株価が低い時に自社株を贈与して，相続の時に株価が上昇していると，メリットが出るって制度だったよね。

 そうです。やはり親族で承継しない会社も増えていますので，特例措置では，そういうケースにも対応できるようになっているということです。

 至れり尽くせりだね。でも特例措置だから，期限が来たら，また条件は厳しくなってしまうね。後継者育成が間に合えば，この制度を使うように検討するよ。

- 特例措置では，納税猶予制度を受けるための要件が大幅に緩和されました。
- ただし，税金のことを優先するのではなく，後継者の育成を計画的に行った上で，この制度の利用を検討することが，経営上好ましいことです。

Q54　納税猶予制度の適用を受けるべきかどうかの検討

制度は理解できましたが，結局，納税猶予制度を受けるべきかどう
かわからないので，検討のポイントを教えてください。

Answer

■納税猶予制度の適用を受けることは，納税が猶予されるという大きなメ
リットがある反面，会社を支配できる自社株を後継者に渡すことで経営に
与える影響も考える必要があります。

■メリット・デメリットをよく理解した上で，適用を受けるかどうかの判断
が必要です。

税金を抑えることを優先して，ものごとを進めるのは経営にとって得策で
はありません。

制度の内容はだいたいわかったんだけど，贈与・相続の違いもあ
るし，適用を受けた方がいいのか，何を根拠にしたらいいのかわ
からないんだよね。

はい。なかなか結論は出ない問題ですが，メリット・デメリット
について整理してみましょう。

メリット	デメリット
共通	
・納税が猶予・免除され，株価が高い場合には，効果が大きい	・猶予を受ける要件が厳しい ・継続して要件を満たしていないと，猶予が打ち切られる ・報告手続が必要で，継続的にサポートしてくれる専門家が必要
贈与の場合	
・後継者を決めて，計画的に自社株を渡せる ・自社株を渡すタイミングが計れるので，自社株を渡す際のコストを抑えられる可能性がある	・後継者が役員就任から3年を経過していないと贈与できない ・株式の3分の2までの全てを贈与しなければならない
相続の場合	
・相続直前に役員になっていればいい（役員の経験年数の定めなし）	・後継者を決めて，自社株を計画的に渡すことができない ・株価が高い時に，自社株を渡さなければならないこともある

◆**共通のメリット・デメリット**

 まずは，共通のメリットについてですが，株価が高い会社の場合，**多額の納税が猶予または免除される**ということが大きいですね。

 そうだね。納税猶予制度の一番のメリットだよね。逆にデメリットってどんなことだろう。

 それは，そもそも**適用を受ける要件が厳しい**ということと，継続的に要件を満たしていないと**猶予が打ち切られる**ということです。そして，猶予を受けた後には，定期的に都道府県に対しての**報告手続**が必要であり，顧問税理士が認定支援機関の場合には，その

税理士に報告を依頼することになりますが，例えば年配の税理士の場合，手続をし続けてくれるのかどうかも不安要素ではあります。

なるほど。要件を満たす努力が必要ということと，自分では簡単にできそうもない手続があるということだね。まあ，税金が猶予されるんだから，いろいろと我慢しなくちゃいけないと思うけど。

◆贈与の場合のメリット・デメリット

次に贈与の場合のメリットですが，社長が後継者と心に決めた人に**計画的に自社株を渡すことができます**。

そして，猶予打切りのことを考えると，株価が低い時に渡すことは有効ですが，贈与は，株価の状況をみながら実施できるということです。

なるほど。相続はいつ起こるかわからないから，自社株を渡すタイミングもわからないけど，贈与の場合は計画的に自社株を渡すことができるんだね。これは重要だね。

それに，株価が低い時に贈与していれば，猶予されている税金が少ないから，**猶予を打ち切られた時にも負担が小さくて済む可能性がある**というのは，メリットがあるね。

はい。次はデメリットですが，後継者にすぐ贈与しようと思っても，**後継者が役員就任から３年を経過しないと贈与できません**。

確かに，納税が猶予されるからといって，まだ経営能力のない子供に自社株を渡すわけにはいかないよね。3年経てば一人前という判断なのかな。こればかりはわからないけど，計画的に後継者育成をしないと納税猶予制度の適用を受けられないということだね。

はい。そして贈与する自社株は**3分の2までの全てを贈与しなければなりません**。これはデメリットと言えるかどうかわかりませんが，後継者が育っていないけれど株価が低いから，少しだけ贈与するというようなことはできないということです。

やはり，社長が経営権を持ちつつ，税金の負担も少し軽くしようというような，いいトコどりはいけないということだね。

◆相続の場合のメリット・デメリット

贈与の場合と異なり，後継者は納税猶予の手続をする**直前に役員になっていればいい**ということがメリットです。

準備をしていなくても，適用を受けられるということだね。でも，経営の面からすると事業承継は準備を整えておく必要はあるよね。

そうですね。次にデメリットですが，まず，**社長が心に決めた後継者に確実に渡すことはできません**。そして，亡くなるタイミングがわからないので計画的に自社株を渡すことはできず，**株価が高い時に自社株を渡すことになるかもしれません**。
また，後継者の育成が十分にできた時に自社株を渡せるのかどう

かもわかりません。もちろんこれは，納税猶予制度に限りませんが。

そうか。やはり相続は突然だから，計画的に実行することはできないよね。でもなんだかデメリットの方が多いけど……あまり良くない方法なのかな。

いえ。やはり相続税の猶予・免除が受けられるということが最大のメリットです。ただ，それは自社株の承継についてメリットがあることで，経営の承継については，デメリットの面があるということです。

結局どうしたらいいのかな。

納税猶予制度の適用を受けるかどうかにかかわらず，計画的に後継者を育ててバトンタッチするということが，事業承継には大切ですので，まずは，贈与から実行できるように検討をされるのがよろしいかと思います。
その上で，株価の状況や税制改正，経営環境の変化など，総合的にご判断ください。

そうだね。今から結論は出せないけど，贈与をすると思って準備をすることはいいことだよね。

・納税猶予を継続して受けるためには，自社株を渡した後も，一定の要件を満たす必要があります。
・次世代が経営する際に，要件が重荷にならないのかの検討も必要です。

▷遺留分対策の検討

Q55 自社株を相続する後継者が他の相続人の遺留分を侵害する可能性

自社株を相続した後継者は，他の相続人よりも多くの財産を相続することになり，不公平だと言われる可能性はないのでしょうか

> **Answer**
> ■一般に未上場企業の経営者の財産に占める自社株の割合は高く，後継者が全部の自社株を相続すると，他の相続人と遺産分割内容が不公平となることがあります。
> ■民法では，**法定相続人に最低限の相続財産を取得する権利（遺留分）** を認めており，遺産分割内容を不公平と感じた相続人が，不足分の請求をする可能性があります。
> 相続人が複数の場合には，事前に遺留分対策をしておくことが大切です。

納税猶予制度の適用を受けて，後継者に自社株を全部渡せるようにしておけば，自社株の承継はもう安心だよね。

でも，個人の遺産分割を考えると，自社株を相続する後継者と，それ以外の財産を相続する子供や配偶者では，遺産分割の額で不公平感があるかもしれないね。相続になったら揉めたりしないかな。

それでは，具体例でご説明します。社長の財産は，自社株とご自宅および金融資産で，ご自宅と金融資産を合計しても自社株の評価額より圧倒的に額が小さいという状況だとします。それが，一般的な未上場企業の経営者の財産構成というお話は以前にもいた

しました（**Q6**）。

そうだったね。
それで，こういう会社は揉めたりしていないのかな？

残念ながら，揉めているケースがあります。最低限の財産を取得できなかった相続人が**遺留分侵害**（いりゅうぶんしんがい）をされている状態にあるといいます。

遺留分侵害？　なんか難しいね。でも，簡単に言うと，遺産分割が不公平だから問題が起きるってことだよね。

そういうことです。それでは，遺留分についてご説明します。

【遺留分（いりゅうぶん）とは】

　民法では，被相続人の兄弟姉妹以外の相続人には，最低限の財産取得の権利を認めている。

　この権利を遺留分権といい，遺留分権を有する者を遺留分権利者という。

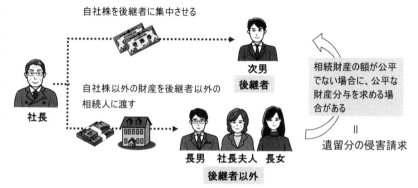

自社株を後継者に集中させる

次男
後継者

自社株以外の財産を後継者以外の
相続人に渡す

社長

長男　社長夫人　長女

後継者以外

相続財産の額が公平
でない場合に，公平な
財産分与を求める場
合がある

＝

遺留分の侵害請求

　社長は，法定相続分という考え方があることは，ご存知だと思います。

　ただ，必ずしも法定相続分に従って財産を渡す必要はなく，遺産分割は被相続人（故人）が自由に決めることができます。

　そうだね。私が次男に自社株を渡そうと考えている状態と同じだよね。

　それで，自由に決めたらいけないってことなのかな。

　いえ，自由に決めていただくのは構わないのですが，その結果相続の際に揉め事が起きるかもしれないということです。

　例えば，上の図のように，後継者である次男には自社株を渡し，社長夫人と長男，長女には，不動産と金融資産など自社株以外の財産を渡したとします。自社株の財産価値が不動産や金融資産よ

りも圧倒的に高い場合には，どうでしょうか？

遺産分割が不公平だから，家内と長男，長女が可哀そうだよね。

そうですよね。そのような極端に不公平なことにならないように，民法は，**相続人に最低限の財産を相続できる権利**を認めているのです。この権利を**遺留分権**といいます。

なるほど。遺留分という言葉は，難しいけど，最低限の財産を相続できる権利を法律が定めていると理解するよ。

それでは，まず遺留分を考える上で対象となる財産についてご説明します。

遺留分とは**相続財産をもとに計算**するのですが，**社長から後継者に生前贈与された財産の一部**は，特別受益（※）として，**遺留分の算定基礎財産に算入される**ということです。

■遺留分の対象となる財産

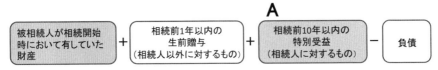

出所：中小企業経営承継円滑化法申請マニュアル 令和元年7月/中小企業庁財務課作成の図を筆者が改編

（※）特別受益とは

　被相続人から相続人に対する遺贈または婚姻もしくは養子縁組のためもしくは生計の資本としての贈与をいいます。**自社株の贈与は，生計の資本としての**

贈与と考えられています。

ちょっと，難しいけど，遺留分を考える時の財産は，相続が発生した時に私が所有している財産だけでなくて，生前贈与したものも含まれるということだね。

はい。相続人に自社株を贈与した場合には，それが相続前10年以内であれば，前頁の図の **A** の特別受益に該当しますので，それも含めて，遺留分を考える必要があるということです。

なるほど。財産の範囲はわかったよ。それで，家内や子供たちの遺留分は，どれくらいの権利があるのかな。

【遺留分の割合】
1．直系尊属のみが相続人の場合は，被相続人の財産の1/3
2．**上記以外の場合には，被相続人の財産の 1/2**

相続が発生した場合の各相続人の遺留分の割合をまとめました。上記1の直系尊属とは，被相続人からみて，父母，祖父母などのことです。事業承継では一般的には発生しにくいケースですので，この説明は割愛します。

それでは，上記2のケース，社長の奥様，お子さんにどれくらい遺留分があるのかということについてご説明します。

遺留分は，被相続人，つまり社長の財産の2分の1です。これを各相続人が法定相続分で分けるということです。

法定相続分は，社長の奥様は2分の1，お子様3名は，6分の1ずつです。これをもとに遺留分を図解しました。

【各相続人の遺留分】

被相続人の財産の 1/2 ×各相続人の法定相続分

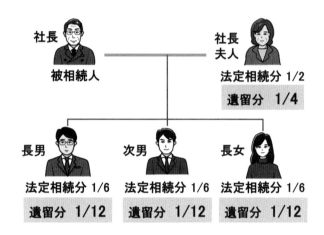

社長
被相続人

社長
夫人
法定相続分 1/2
遺留分 1/4

長男
法定相続分 1/6
遺留分 1/12

次男
法定相続分 1/6
遺留分 1/12

長女
法定相続分 1/6
遺留分 1/12

 なるほど遺留分は**相続財産の1/2×法定相続分**ということだね。だから，配偶者の遺留分は，1/2×1/2＝1/4で，子供たちの場合には，1/2×1/6＝1/12ということなんだね。

 そうです。ですから，奥様や長男，長女がこの遺留分相当の財産を相続できない場合，遺留分を侵害されたという状態になり，奥様と長男，長女は次男に相当額を金銭で支払うように請求することができます。

 それが，遺留分侵害ということなんだね。金銭で払うというのは大変な話だね。
実際の金額で考えてみようか。

では，自社株が5億円で，自宅が6,000万円，金融資産が1億円と仮定します。合計すると6億6,000万円です。

長男は現金5,500万円，次男は自社株5億円，奥様は自宅6,000万円と金融資産1,000万円，長女は金融資産3,500万円を相続したとします。

 そうなると，遺留分はどうなるのかな。不公平であることは計算しなくてもわかるけどね。

【遺留分侵害の状況】

5,500万円

長男

遺留分
6億6,000万円×1/12＝5,500万円

5億円

次男

6,000万円

1,000万円

社長夫人

遺留分
6億6,000万円×1/4＝1億6,500万円

3,500万円

長女

遺留分
6億6,000万円×1/12＝5,500万円

相続財産合計　6億6,000万円

 はい。長男の相続分は，5,500万円に対して，遺留分は5,500万円ですので侵害されていません。奥様の相続分は7,000万円に対し

て，遺留分は 1 億6,500万円，長女の相続分は3,500万円に対して，遺留分は5,500万円となり，遺留分を侵害していることになります。

これだと，揉めてしまう可能性があるよね。どうしたらいい？

遺留分を侵害したら，揉めると決まったわけではありませんが，事業承継対策を考える場合には，揉め事が起きないように事前に対策を打つ必要はあります。

具体的には，**遺留分の放棄**，**民法特例**など，法律に頼る方法もありますが，**相続人への事前の説明**などの方法もあります。具体的には，**Q56**以降で解説します。

そうか。納税猶予制度で，税金の問題が解決するから安心していたけど，まだまだ問題はあるんだね。

> 一般に，未上場企業の社長の財産は，自社株が大半であることが多く，後継者が自社株を相続すると，他の相続人の遺留分侵害をする可能性があります。

Q56　遺留分対策①～相続人への説明～

遺留分対策は，まず何から始めるべきでしょうか？

Answer

■自社株を相続した後継者は，相続財産が他の相続人よりも大幅に上回り，遺留分侵害請求をされるケースがあります。

遺留分対策の方法として，**遺産分割においては，自社株を相続財産に含めないで考えるように，後継者以外の相続人に説明する**方法があります。

■遺留分対策を法律的に解決する方法もありますが，それらの方法と併用して，この説明を実施することが重要です。

それでは，遺留分対策方法のご説明をする前に，まず，自社株の性質についてもう一度確認します。

自社株の性質ね。株主総会での議決権，つまり**会社を支配する権利**とそれから**財産的価値**があるってことだよね。前に教えてもらったから大丈夫（**Q9**ご参照）。

さすがですね。その2つの性質の内，遺留分の問題となるのは，自社株の財産的価値の側面ということです。

つまり，会社の議決権には関心のない相続人でも，社長の個人資産として，自社株が持つ財産的価値には関心が強く，その財産価値の側面だけ考えて，遺産分割が不公平というふうに考える場合があるということです。

でも，家内や長女は，自社株の意味はわかってないと思うんだ。上場していない株が何億円もするなんて，普通は想像できないし，支配権がどうしたとか，全く理解できないんじゃないかな。それでも，遺留分の侵害請求ってするものなの？

確かに，相続発生前には，自社株については全く理解していないとしても，相続税の申告の際には，奥様やご長女も自社株の評価額を知ることがあり，単純計算で自分が不公平だと考えることもあります。

また，相続人の配偶者などが，遺留分侵害の状況を知り，相続人に対して，もっと多くの遺産分割の要求をしてもいいんじゃないかとけしかけることもあるものです。

確かに，相続人の配偶者が，しゃしゃり出て，遺産分割が複雑になるって話は，聞いたことがあるね。ウチも例外とは言えないかもしれない。

ただ，後継者としては，自社株を金融資産として運用したり，現金化することはできません。

後継者が自社株を使うのは，株主総会での決議であり，言ってみれば自社株は，**会社を経営するための個人名義の事業用財産**です。これは会社の社屋を個人で所有しているのと同じように考えていただくと理解がしやすいのではないでしょうか。

そうだよね。自社株にいくら価値があるといっても，お金として使えるものじゃないしね。後継者は会社を運営するために引き継

いだ株なのに，遺産分割の対象として協議されるのは，可哀そう
な話だよね。

そうです。ここで，遺留分対策の最初の方法ですが，まず「自社
株は**会社を経営するための個人名義の事業用財産**だから，**個人の
遺産分割の対象としては考えないでほしい**」ということを，**相続
人全員に説明**し，特に後継者以外の相続人に納得してもらうこと
です。
これで納得してもらえるのであれば，遺留分対策としては一番簡
単な方法です。

なるほどね。自社株は後継者にとっては会社の経営に必要なもの
だけど，純粋な個人の相続財産じゃないことを教えなくてはなら
ないね。うちの家内や子供は，そういう説明でわかってくれるん
じゃないかな。

はい。社長が意図されていることをご理解いただけると良いので
すが，ただ，ご長女も相続財産への期待感があるかもしれません
ので，実際にご長女にはどのような財産を遺すのかも説明してあ
げるといいでしょう。

そうだね。家内は家がないと困るから，自宅を相続させたいし，
長女は子供の学校にお金がかかる頃だから，現金を遺すというこ
とを，はっきりと伝えてあげるといいね。

はい。奥様もご長女も自社株を相続することは，あまり興味がないと思いますので，各々が喜ばれるものを渡すことを，伝えてあげると納得感が増しますね。

でも，その時に納得しても，あとでやっぱり嫌だということも可能性としてはあるよね。心配してもきりがないけど，最悪の状況は理解しておきたいね。

はい。法律で解決する方法については，**Q58**，**Q59**でご説明しますが，その方法を行うとしても，まずは，今ご説明したように，後継者が自社株を相続する意味を，社長が口頭で，後継者以外の相続人に説明して納得していただくことが必要です。
そして，財産争いをせず，会社を担う後継者を，親族としてバックアップしてほしいということもお話しいただくと良いです。

なるほど。親族には納得して後継者を応援してもらいたいよね。どういう方法にせよ，いきなり法律に頼るというのも，なんか杓子定規で嫌だしね。わかったよ，今度，家族に理解してもらえるように話をすることにするよ。

> 遺留分対策の第一歩は，自社株を相続しない親族に対して，遺留分を侵害しないように説明することです。

Q57　遺留分対策②〜遺言の作成〜

家族が揉めないように遺言を書こうと思いますが，遺留分の対策にも有効でしょうか？

Answer

■遺留分を侵害した内容の遺言書は法律的に有効ですが，**遺言の内容よりも遺留分の侵害請求権が優先します**ので，法律の効果としては，遺留分対策にはなりません。

■ただし，遺言は被相続人の遺志を表したものであり，相続人の遺産分割内容の最終的な拠りどころになる可能性があるものです。

遺言が後継者以外の相続人にとって，**なぜ遺留分侵害となってしまうのか**という理由を，遺言の**付言事項**に記載することで，相続人の納得が得られることがあります。

Q56では，次の2点をご説明しました。

・後継者が自社株を相続することで，後継者以外の相続人の遺留分を侵害する可能性がある。

・しかし，「自社株は純粋な個人財産ではないので，遺産分割の対象から除外して考えること」を，後継者以外の相続人に事前に説明して納得していただくことが必要である。

そうだったね。私が説明することで，相続人全員が納得してくれれば，遺留分の対策は，これでいいということだったよね。

はい。ただ，ご説明をされてから相続が発生するまでに時間が経過すると，親族のみなさまの状況やお考えに変化があるかもしれ

ませんし，また社長が口頭でご説明されたことを，正確に記憶されていない場合もあるでしょう。

覚えてもらえてないとしたら残念だし，覚えていても，お金が必要になって考え方が変わることもあり得るよね。

はい。そういう場合に備えて，口頭で説明されたことを，遺言に書いておくことは重要です。

遺言ね。銀行からも遺言を書いといた方がいいと言われているんだけど，なんか，自殺をする前の遺書みたいで気が進まないんだよね。まだ，当分死なないと思うんだけど。

はい。確かに気が進まないお気持ちはよくわかります。ただ，縁起でもない話ですが相続はいつ発生するかわかりません。その時に，お子さんたちが揉めないようにするための準備を強化しておくということです。

わかった。ただ，遺言というのは，財産を誰に渡すのかという内容を書くものだよね。
「遺留分を侵害する内容だけど，納得してね」ということを，書いてもいいものなの？

はい。そのような内容は，遺言の**付言事項**に書くのです。
そもそも，財産の処分に関することや，子供の認知など相続人に関することは，法定遺言事項と言って，文字どおり，遺言に書く

ことによって法的効力が発生するものです。

これに対して，付言事項は，法定遺言事項以外の内容のことで，具体的には「相続人に対する感謝の気持ち」や，「遺言を書いた経緯」などを記すものです。

なるほど。違いはわかったけど，法的な効力はないんだよね。それで書く意味があるのかな。

はい。遺産分割をする際に，相続人同士が揉めるということは，誰しも多く財産をもらいたいということがその理由です。

ですから，誰も歩み寄らない場合には決着がつきませんが，遺言は，故人の遺志を表したものであり，相続人の遺産分割内容の最終的な拠りどころになる可能性があるのです。

そのために，**家族に対する感謝やいろいろな想いを切々と綴っていただくことは，**遺留分対策にはとても重要なことです。

そうだね。私が口頭で説明したことを忘れてしまっていても，遺言を読んで，私の気持ちを確認してもらうということだね。

家族への想いというのも，直接口頭で言うのは恥ずかしいけど，文章で書くのはいいかもしれないね。

はい，**遺言はお子さんに対する愛情**だと考えてご準備ください。

わかったよ。相続人への説明と遺言はセットで考えるべきだね。早速準備するよ。

はい。相続人への説明に加えて，遺言があれば，遺留分侵害請求の可能性が低くなると考えられます。

> 遺言は，法律の効果という意味では，遺留分対策にはなりません。
> ただし，遺言は被相続人が，家族への想いを綴ることで，相続人の遺産分割内容の最終的な拠りどころになる可能性があるという点では，効果があります。

Q58　遺留分対策③〜遺留分の放棄〜

将来，遺留分の侵害請求をする可能性がある相続人に，あらかじめ
請求しないようにさせたいのですが，何かいい方法はありますか？

Answer

- ■生前に，法定相続人に遺留分の放棄をしてもらう方法があります。
- ■遺留分の放棄は，家庭裁判所の許可を受ける必要があり（民法1049条），
　次の①〜③が許可を受ける判断基準です。
  - ① 遺留分の放棄が**本人の自由意志**に基づくものであること
  - ② 遺留分放棄に**合理的な理由と必要性**があること
  - ③ 遺留分放棄に対して**見返り**があること

　Q56，Q57では，遺留分対策として**相続人への説明**と**遺言**につい
て解説しました。

　それで，うまくいけば問題はありません。ただ，遺言の内容より
も遺留分の侵害請求権が優先することは，すでにご説明したとお
りです。

　実際に相続が発生した時に，相続人がやっぱりもっと財産が欲し
いという可能性は否定できません。

　じゃあ，どうしたらいいのかな。もっと確実な方法はないの？

　遺留分の放棄という方法があります。これは，社長の生前に，会
社の経営に関与しない奥様やご長女には，遺留分を放棄していた
だくのです。

現時点で社長からご説明された遺産分割内容に納得され，遺留分を放棄していただいておけば，将来，考え方が変わって，遺留分の侵害請求をしようとしても，もうできないということです。

なるほど。今の時点で決めてしまえるのは確実で，将来の不安がなくなるから，いい方法だね。それで，手続はどういうふうにすればいいの？　私が家内，長女と契約書を結ぶのかな？

いえ。遺留分の放棄は，当事者間の合意だけで手続が完了するものではありません。
家庭裁判所に申請して，許可を受ける必要があります。そして家庭裁判所の判断基準は3つあります。

そうか，簡単に放棄はできないんだね。それで，その判断基準について，説明してくれるかな。

はい。第一に**遺留分の放棄が本人の自由意志に基づくものであること**です。
つまり，社長から強要されて，遺留分の放棄をするのではないということです。

強要なんてしないよ。でも強要されたかどうか，裁判所は判断できるんだろうか？

それを判断するために，遺留分の放棄は，遺留分を放棄する本人が行う必要があります。

なるほどね。家内と長女も面倒な手続が増えるのはちょっと大変だけど，裁判所に判断してもらうためには必要な手続だね。

第二に遺留分の放棄に合理的な理由と必要性があることです。合理的な理由というのはケースバイケースですが，事業承継のケースで考えると，「家業である会社を承継する次男が，スムーズな経営に必要な自社株を相続してもらうために放棄する」ということは，合理的な理由であると考えられます。

なるほどね。じゃあ，それは大丈夫だね。

第三は，**遺留分放棄に対して見返りがある**ことです。見返りというのは，経済的な価値を持つものであることが必要で，経済的価値のない交換条件などでは認められません。

そうだよね。家内と長女としては，もらえるものを放棄するために，家庭裁判所で手続をするんだから，何かメリットがないと不満だよね。金銭的価値か。家内には自宅と金融資産，長女は結婚して家があるから，金融資産の一部を渡すことにしようと考えているんだ。

それが良いかと思います。

了解。子供たちに遺産分割内容を説明して，納得したら，いまの
うちに遺留分放棄の手続までやってもいいね。

はい。**あくまでも，家庭裁判所が認めるかどうかということが重
要なポイント**です。

なお，遺留分の放棄の撤回は原則不可ですが，遺留分放棄の前提
となった事実が大幅に変更になった場合には，家庭裁判所は取消
しすることが可能とされています。

また，遺留分の放棄手続は，各相続人が個別に家庭裁判所で手続
するという方法であるため，家庭裁判所による，許可・不許可の
判断がバラバラになる可能性もあるので，相続人が複数いるケー
スでは，必ずしも万全な制度ではないことを，念のためお話しし
ておきます。

なんでも完全な制度はなかなかないもんだね。でも手続すること
を視野にいれて，子供たちに説明してみるよ。

> 遺留分の放棄は，被相続人の生前に遺留分対策
> が完了する方法です。
> 家庭裁判所の判断基準を満たし，許可を得る必
> 要があります。

Q59　遺留分対策④～民法特例（除外合意・固定合意）～

遺留分対策で，法的な効力をもった対策方法があると聞いたのですが，どのような方法でしょうか？

Answer
■遺留分の問題に対処するため，経営承継円滑化法は，「遺留分に関する民法の特例」（以下「**民法特例**」といいます）を規定しています。
　民法特例には，遺留分に関して**除外合意と固定合意**があります。

遺言を書いて，遺留分の放棄をしたらもういいかと思ったけど，遺留分の放棄が取消しになることもあるから完全じゃないってことだったよね。別の方法を教えてくれるかな。

はい。遺留分に関する**民法特例**というものがあり，具体的には，**除外合意**と**固定合意**という制度があります。

民法特例に，除外合意，固定合意……また難しいね。ともかく遺留分対策として，２つの制度があるってことだね。

【除外合意】
　推定相続人の全員が相続前に**合意した場合**，現経営者から後継者に贈与された自社株式を**遺留分の計算から除外して**計算する制度

それでは，まず**除外合意**についてご説明します。そもそもの問題は，社長の財産に占める自社株の割合が高いので，**後継者が自社株を相続すると，後継者以外の相続人の遺留分を侵害してしまう**ということでした。

そうだね。私は自社株以外の財産はあまり持っていないから，後継者とそれ以外の家内と長男，長女の相続分が不公平になるってことだったよね。

ですから，この制度は，遺留分侵害の原因となる自社株について，遺留分を計算する財産から除外してしまうというものです。

なるほど。揉めるもととなる自社株を，財産から外してしまうということだね。
それで，合意するっていうのは，どういうこと？

合意というのは，自社株を遺留分の算定基礎財産から除外することについて，後継者を含めた推定相続人（※）全員で合意をするということです。詳しい手続につきましては，**Q60**でご説明します。
（※）推定相続人とは，現状のままで相続が発生した場合，相続人になるべき者のことです。

概略はわかったんだけど，具体例で除外合意について教えてくれるかな。

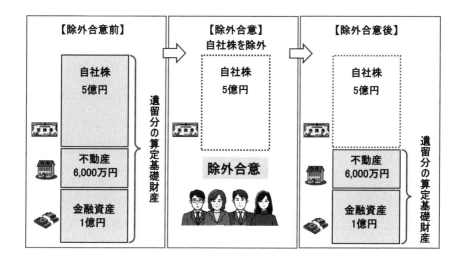

それでは，上の図をご覧ください。

このケースでは，社長の相続財産（後継者に贈与された自社株も含みます）は，自社株５億円，不動産6,000万円，金融資産１億円です。

除外合意をしていない段階では，合計６億6,000万円が遺留分を算定する時の基礎財産です。

そうだね。この状態で後継者が自社株を相続したら，他の相続人にとって不公平だから，遺留分侵害になるんだよね。

はい。そこで，後継者を含めた推定相続人が，自社株を遺留分を算定する基礎財産から除外するという合意をします。

そうすると，遺留分を算定する基礎財産は，不動産6,000万円と金融資産１億円になるので，もしも後継者が自社株しか相続しなければ，不動産と金融資産を相続する奥様やご長男，ご長女から，

遺留分侵害請求をされることはなくなります。

 それは，いい制度だね。この合意をしておけば，後継者としては安心だね。

 はい。さらに，自社株の評価額は相続時に，現在よりも上昇する可能性があり，その場合には，遺留分侵害請求額が大きくなりますが，この制度の適用を受けると，そもそも自社株を遺留分の算定基礎財産から除外しているので，株価上昇の影響も受けないというメリットがあります。

【固定合意】

　推定相続人の全員が相続前に**合意した場合**，現経営者から後継者に贈与された自社株式について，**遺留分を算定する基礎財産に算入する価額を合意時の価額**（※）**に固定して計算する制度**

※固定合意される株式の評価額は，合意時における相当の価額であるとの公認会計士・税理士などの証明が必要です。

 次は，**固定合意**についてご説明します。固定合意の固定という意味ですが，これは自社株の評価額が上昇する可能性を考慮しています。

後継者が自社株の贈与を受けた時の時価で，遺留分の計算をする旨，後継者も含めた推定相続人が合意した場合には，贈与を受けた後に株価が上昇したとしても，その上昇分は遺留分の算定基礎財産に含めないということです。

そうか，贈与の時の時価で，固定するから，固定合意ということ
なんだね。

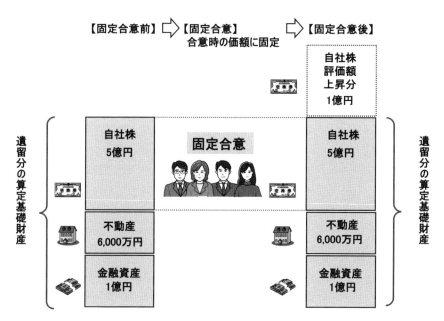

はい。上の図をご覧ください。社長の財産については，除外合意
の例と同様です。

遺留分の算定基礎財産に算入するのは，後継者が自社株の贈与を
受けた時の時価5億円であると，推定相続人が合意した場合，そ
の後に自社株の評価が1億円上昇したとしても，その上昇分の
1億円は，遺留分の算定基礎財産には入らないということです。

考え方はわかったよ。だけど，ちょっと複雑になるね。

はい。合意した時の時価が，その後の遺産分割の一つの基準になりますので，固定合意される株式の評価額は，合意時における相当の価額であるとの公認会計士・税理士などの証明が必要です。また，合意してから時間が経過すると相続人同士でも，当時の手続を忘れてしまうことがありますが，こういうことは，税理士・弁護士やコンサルタントなどにお任せいただけばよろしいかと思います。

 そうだね。専門家に任せるのが安心だね。でも相続が発生したら，専門家に聞くように言っておかなくちゃいけないね。

> 除外合意，固定合意は，納税猶予制度と組み合わせると，スムーズな事業承継に役立ちます。早期に，親族との話し合いを持つことが大切です。

Q60　民法特例（除外合意・固定合意）の手続

民法特例を受けるための要件や手続を教えてください。

Answer

■民法特例を受けるための要件

　以下の要件を満たした上で「**推定相続人全員の合意**」を得て，「**経済産業大臣の確認**」および「**家庭裁判所の許可**」を受けることが必要です。

① 　会　社

・中小企業者であること（下の図ご参照）。

・合意時点において**3年以上継続して事業を行っている非上場企業**であること。

出所：中小企業経営承継円滑化法申請マニュアル「民法特例」令和元年7月中小企業庁財務課作成

② 　現経営者

・過去または合意時点において**会社の代表者**であること。

・他の者に対して株式等を贈与したもの（贈与契約のみでは不可）。

③ 　後継者

・合意時点において会社の代表者であること。

・現経営者からの贈与等により株式を取得し，会社の**議決権の過半数を保有**していること。

それで，民法特例（除外合意と固定合意）の手続をするためには
どうしたらいいの？

はい。まず民法特例を受けるための要件ですが，第一に**中小企業
者であること**です。
中小企業にはいろいろな定義がありますが，この特例を受ける場
合には，中小企業経営承継円滑化法申請マニュアル（※）第七章
用語・定義に定義されています。

（※）中小企業庁website（https://www.chusho.meti.go.jp/zaimu/
　　 shoukei/shoukei_enkatsu_zouyo_souzoku/manual_7.pdf）〔2024
　　 年5月15日確認〕ご参照。

なるほど。業種ごとに資本金と従業員数の定義があるんだね。製
造業は資本金が3億円以下，**または**従業員の数が900人以下か
……ウチは大丈夫だね。

そして，**合意時点で3年以上継続して事業を行っている非上場企
業**であることが必要ですが，社長の場合には，問題がないと思い
ます。

そうだね。

それから，現経営者は，**過去または合意時点において会社の代表
者であること**です。

過去に社長であった，つまり今は辞めててもいいんだね。これは
なんでだろうか？

はい。例えば，代表権のない会長や相談役に退いて，後継者を見
守っている状況など計画的な事業承継対策を実施している会社も
この制度を利用できるということだと考えられます。

そうだね。自社株を渡す前に後継者を社長にして育てないといけ
ないから，自分が代表権を返上した後に，この制度が使えないと
困るからね。

はい。そして後継者の要件ですが，**後継者は合意時点において会
社の代表者である**ことと，現経営者からの贈与等により**株式を取
得し，会社の議決権の過半数を保有している**ことです。

なるほど。後継者が社長のイスと自社株を取得して，名実ともに
経営者であるという状態でないといけないんだね。
ウチの会社の場合，後継者が社長じゃないから，すぐには使えな
いけど，社長になった時に使えるかどうかという観点で検証して
みるよ。

はい。今，ご説明した要件を満たした上で，推定相続人の合意を
得て，**経済産業大臣の確認**と**家庭裁判所の許可**を受けることが必
要です。
まず，一連の手続を図解します。

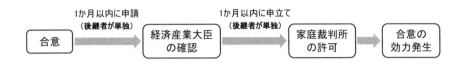

◆推定相続人の合意

推定相続人っていうのは，まだ相続が発生しないから，「推定」ってことだよね。

まあ，今の法定相続人で考えればいいかな？

そうですね。そして，合意を得るというのは，推定相続人全員（ただし，遺留分を有する者に限る）および後継者で合意し，**合意書**を作成することが必要です。

◆経済産業大臣の確認

合意書を作成したら，経済産業大臣への申請手続です。

後継者は，上記の合意をした日から1か月以内に「遺留分に関する民法の特例に係る確認申請書」に必要書類を添付して経済産業大臣に申請する必要があります。

必要書類は，定款，株主名簿，財務諸表等で，固定合意の場合のみ税理士等の証明書が必要です。

固定合意の場合のみ税理士等の証明書が必要っていうのはなんで？

それは，固定合意の場合には，その時の自社株の時価で合意するため，その価額が適正である根拠を示す必要があるということです。そして，申請をすると経済産業大臣の確認書の交付を受けます。

申請書を出したら，何をチェックされるんだろうか？

経済産業大臣は申請内容について，次の事項を確認します。制度の要件を満たし，制度の主旨にあっていれば，問題ないでしょう。

◆経済産業大臣の確認事項

・当該合意が経営の承継の円滑化を図るためになされたこと。
・申請者が後継者の要件に該当すること。
・合意対象の株式を除くと，後継者が議決権の過半数を確保することができないこと。
・後継者が代表者でなくなった場合などに後継者以外の者が取れる措置の定めがあること。

◆家庭裁判所の許可

経済産業大臣の確認書の交付を受けたら，後継者は確認を受けた日から1か月以内に 家庭裁判所に「申立書」に必要書類を添付して申立てをし，**家庭裁判所の「許可」**を受ける必要があります。

手続はいろいろとあるけど，相続の後の揉め事を避けられるんだから，必要なことだよね。

はい。そして，家庭裁判所の要件は下記のとおりです。遺留分の放棄の際にご説明しましたのと同様に，遺留分権者に強制的に合意させてはならないということです。

◆家庭裁判所の許可の要件

・合意が当事者全員の真意によるものであること

それは当然だよね。子供たちが揉めないために手続するのに，強制なんかしたら，本末転倒だよね。

はいそのとおりです。

この手続で，遺留分の対策については，完了です。納税猶予制度で贈与を行い。民法特例の手続を行うと，自社株を渡す際の税金の負担が軽減し，かつ遺留分の問題も回避できるので，効果的な方法といえます。

手続については，実際にやってみなくてはわからないけど，許可をいただく時間がかかりそうだから，計画的に準備することが大切だね。

> 民法特例（除外合意・固定合意）は，経済産業大臣の確認や家庭裁判所の許可などの手続は必要ですが，経営者の生前に遺留分対策が完了する方法です。

おわりに

 社長，今までのご説明はいかがでしたか？

 事業承継を成功させるためには，本当にたくさんのことを考えなければならないことがよくわかったよ。
それに，私ひとりで決められることばかりではないから，時間も相当かかりそうだね。

 はい。そして，ご検討いただいている間に，社長が最初に後継者に適任だとお考えになった方が，その後，あまりふさわしくないなとお感じになられることもあります。

 そういうこともあるのかも知れないね。

 さらに，自社株を渡す方法をいったんお決めになられた後に，税制改正の結果，方法を見直す必要が出てくることもあります。

 そうか，税制改正は毎年あるんだったよね。
じゃあ，なおさら，早くから考えないといけないな。
会社が息子の代，孫の代になっても，発展していってほしいから，今から真剣に事業承継を考えることにするよ。

巻末資料：事業承継スケジュール表

年度		西暦	2021年	2022年	2023年	2024年	2025年
		創業年数	75年	76年	77年	78年	79年
事業計画		売上高	8,000百万円	8,100百万円	8,100百万円	8,300百万円	8,350百万円
		経常利益	780百万円	789百万円	789百万円	747百万円	750百万円
		予想される計画					
		例）設備投資〇百万円		200百万円			
		例）特別損失計上〇百万円				△50百万円	
社長		年齢	66歳	67歳	68歳	69歳	70歳
		役職	社長				会長
		持株数　　A社	1,020株				408株
		持株シェア	85%				34%
		持株数　　B社	500株			0株	
		持株シェア	100%			0%	
		株式（A社）を渡す相手					次男
		株式（B社）を渡す相手				長男，次男	
		退職金支給時期					支給
後継者	次男	年齢	35歳	36歳	37歳	38歳	39歳
		役職					社長
		意思確認	確認				
		育成計画	営業部	財務部		企画部	
		持株数　　A社					612株
		B社				100株	
	長男	年齢	36歳	37歳	38歳	39歳	40歳
		持株数　　A社					
		B社				400株	
	長女	年齢	33歳	34歳	35歳	36歳	37歳
		持株数　　A社					
		B社					
検討事項		社内体制について					
		新社長のバックアップ体制			執行役員制度		
		役員に登用する者				財務部長	
		経営上の問題点改善		不採算事業の見直し			
		株価対策方法	不動産取得				退職金支給
		株式を渡す際の資金調達					銀行借入
		株主構成の方針決定			親族からの買取		
		個人が会社に提供している資産・保証		銀行の保証解除			
		事業承継について社内での公表時期				公表	
		関係者（取引先・銀行等）への通知時期				通知	

☆巻末資料のデータは，中央経済社ウェブサイト「税の窓」の「書籍，雑誌の追録・訂正」に

2026年	2027年	2028年	2029年	2030年	2031年	2032年	2033年	2034年	2035年	2036年	2037年
80年	81年	82年	83年	84年	85年	86年	87年	88年	89年	90年	91年
〇〇歳	〇〇歳	〇〇歳	〇〇歳	〇〇歳	〇〇歳	〇〇歳	〇〇歳	〇〇歳	〇〇歳	〇〇歳	〇〇歳
〇〇歳	〇〇歳	〇〇歳	〇〇歳	〇〇歳	〇〇歳	〇〇歳	〇〇歳	〇〇歳	〇〇歳	〇〇歳	〇〇歳
〇〇歳	〇〇歳	〇〇歳	〇〇歳	〇〇歳	〇〇歳	〇〇歳	〇〇歳	〇〇歳	〇〇歳	〇〇歳	〇〇歳
〇〇歳	〇〇歳	〇〇歳	〇〇歳	〇〇歳	〇〇歳	〇〇歳	〇〇歳	〇〇歳	〇〇歳	〇〇歳	〇〇歳

掲示してありますので，ご活用ください（http://www.chuokeizai.co.jp/zeinomado/2_12.html/）。

事業承継対策は、

早期着手が成功の鍵です。

■著者紹介

半田　道（はんだ　おさむ）

株式会社クロスリンク・アドバイザリー　代表取締役

【法人概要】

○業務概要

▶経営者向け事業承継コンサルティング

▶研修・セミナー

▶事業承継・銀行業務関連の執筆

▶士業・金融機関向けのコンサルティング

【著者経歴】

○メガバンク勤務

・国内法人営業を経験。

・生命保険会社出向時に未上場企業に対し，「生命保険を活用した事業承継対策」の提案やセミナーを数多く実施。

・メガバンクの事業承継専門セクションにて日本橋地区の老舗企業に対して数多くのコンサルティングを実施。

・研修会社（メガバンクの子会社）に出向時，地方銀行向けに事業承継の研修を実施。

○米国系銀行勤務

・事業承継と資産運用提案の専門セクションを立ち上げ，部長に就任。
銀行内の事業承継のコンサルティング体制・ビジネスモデルを構築。
法人に対する事業承継コンサルティングのみならず，富裕層向けの相続コンサルティングも実施。

○株式会社クロスリンク・アドバイザリーを設立し，代表取締役に就任。

・常にClient First（顧客第一主義）と誰にでもわかりやすい説明をモットーにコンサルティングを行う。

・税務対策に偏らず，自社株を渡す方法，後継者の選定，経営体制の構築や株主構成の検討など経営の承継に関するアドバイスを行い，さらに親族や社外関係者（金融機関・取引先）への説明や意見調整も実施するなど，事業承継に関する総合的なコンサルティングサービスを提供している。

事業承継が0からわかる本（第2版）

2017年6月1日	第1版第1刷発行
2018年9月25日	第1版第7刷発行
2020年7月20日	第2版第1刷発行
2024年6月15日	第2版第5刷発行

著　者　半　田　　　道
発行者　山　本　　　継
発行所　㈱中央経済社
発売元　㈱中央経済グループ
　　　　パブリッシング

〒101-0051　東京都千代田区神田神保町1-35
電話　03 (3293) 3371 (編集代表)
　　　03 (3293) 3381 (営業代表)
https://www.chuokeizai.co.jp
印刷／東光整版印刷㈱
製本／㈲井上製本所

© 2020
Printed in Japan